길 그 끝 너머 빛

정연기 수필집

교음사

책을 열며

　시간은 은빛 실처럼 조용히 흐릅니다. 그 시간의 뒤를 걷다가 문득 뒤돌아보니 어느새 길 끝에 이르렀음을 깨닫습니다. 때로는 또렷하게, 더러는 희미하게 투영되는 그 길은 모두 보람과 행복의 시간이었습니다. 어렴풋한 기억들을 반추하며 웃을 수 있는 마음의 여백도 발견합니다.
　많은 제자, 동료와 친구들, 그리고 가족들의 따스한 마음과 미소가 발자국을 따라와 감사로 고백하게 됩니다. 하나님을 믿는 여정 또한 제 삶에 큰 힘이 되고, 든든하게 비춰주는 빛이 되었습니다.

　첫 번째 수필집 『길 끝에서 길을 보다』를 세상에 내놓았을 때, 가슴이 무척 설레었습니다. 하지만 시간이 흐를수록 미완의 길 위에 있다는 아쉬움을 지울 수 없었습니다.

그러다 어느 날, '그동안 가슴에 무엇을 품고 달려왔는가?' 하는 물음표를 자신에게 던졌습니다. 그 대답들을 여기 두 번째 수필집 『길 끝 그 너머 빛』에 담았습니다. 자신과 마주한 진솔한 나만의 단단한 조각들입니다.

앞만 보고 걷느라 놓쳤던 마음들과 소중한 삶의 의미를 되새기며 길 끝 너머 빛을 향하여 다시 발걸음을 옮깁니다. 거친 가시밭길이 다가와도, 힘든 너덜길이 이어져도 그 길 위에서 나만의 명작을 꿈꾸며 내가 든 붓으로 색칠을 하고 싶습니다.

두 번째 수필집이 나오기까지 도와주신 강원특별자치도, 강원문화재단, 교음사 관계자 여러분, 그리고 사랑하는 가족에게 감사의 뜻을 전합니다.

2025년 끝자락의 어느 날에 **정연기**

차례

▸ 책을 열며

1. 의미 있는 존재
- 명작의 꿈 … 14
- 지붕부터 그리는 집 … 19
- 왼손잡이 … 23
- 길 끝의 마루날 … 28
- 조금만 더 … 33
- 의미 있는 존재 … 37
- 일야구도하기 … 41
- 용감한 남편 … 46
- 비 오는 날 카페에서 … 52

2. 지금 그들은
- 가위·바위·보 … 58
- 들어오실게요 … 62
- 산은 강을 넘지 않는다 … 67
- 리듬 … 72
- 3월이 되면 … 77
- 챔피언의 기적 … 81
- 어느 선생님들의 대화 … 86
- 영광의 징계 … 90
- 지금 그들은 … 95

3. 사랑의 그늘   고무신의 추억 ··· 102

　　　　　　　　내가 좋아하는 숫자 ··· 109

　　　　　　　　누이 ··· 114

　　　　　　　　사라진 마을 ··· 119

　　　　　　　　사랑의 그늘 ··· 124

　　　　　　　　할머니의 눈물 ··· 129

　　　　　　　　사랑의 조건 ··· 131

　　　　　　　　진정한 승부 ··· 135

　　　　　　　　통쾌한 복수 ··· 141

　　　　　　　　풀리지 않는 수수께끼 ··· 145

4. 길 끝에서   희한한 숨바꼭질 ··· 150

　　　　　　　　마지막 주례사 ··· 155

　　　　　　　　두부와 마트 주인 ··· 160

　　　　　　　　길 끝에서 ··· 164

　　　　　　　　알아야 면장을 하지 ··· 167

　　　　　　　　가시나무새 ··· 170

　　　　　　　　8년 만에 이룬 꿈 ··· 174

　　　　　　　　산이 많아졌다 ··· 180

　　　　　　　　소나무가 죽은 이유 ··· 183

　　　　　　　　관심과 간섭 ··· 186

5. 지금쯤 그분은

'아무거나'와 '같은 걸로' … 194
가슴 아팠던 8월 … 199
투명 포도주 … 205
부끄러움 … 208
새벽시장 … 213
지금쯤 그분은 … 218
다락방의 비밀 … 223
축의금 해프닝 … 229
함께 걷는 길 … 233

1

의미 있는 존재

명작의 꿈

누구나 자신의 멋진 삶의 명작을 꿈꾼다. 그리고 하얀 백지 위에 자신의 그림을 그려 나간다. 하지만 그 그림이 명작이 될지 졸작이 될지 붓을 놓는 순간까지 알 수 없다. 그것이 인생이다.

얼마 전에 '내가 그리는 그림이 얼마나 가치 있고 감동을 주는 그림이 될까?' 하는 질문을 스스로에게 던져 본 적이 있다. 그만큼 세월이 나를 이쯤 밀고 왔다. 갑자기 긴장이 되고 손에 든 붓이 더 무거워짐을 느낀다.

아주 오래전에 읽었던 이야기 한 편이 생각난다.

눈 덮인 산기슭에 한 농부가 여러 마리의 말을 키우며 살고 있었다. 어느 날, 아끼던 암말 한 마리가 도망을 갔다. 가족과 친구들이 말을 찾아 나섰지만 말의 발자국은 끝내 바람에 지워졌다. 그들은 허탈해할 것 같은 농부를 위로했다. 그러자 농부는 '이 일이 축복이 될 줄 누가 아느냐?'고 담담하게 대답했다.

며칠 뒤, 두 마리의 말이 집으로 들어왔다. 잃어버렸던 말 뒤에 야생마 한 마리가 따라온 것이다. 가족과 친구들은 농부를 축하해 주며 기뻐했다. 그런데 이번에는 또 '이 일이 재앙이 될지 누가 아느냐?'고 말했다.

다음날부터 농부의 아들은 야생마를 길들이기 시작했다. 그러던 어느 날, 거친 야생마가 날뛰며 등에 있던 아들을 땅에 내동댕이쳤다. 땅에 떨어진 아들은 다리가 부러지고 말았다. 주위 사람들은 다시 농부를 위로하며 격려했다. 그랬더니 농부는 '이 일이 축복이 아니라고 누가 장담하겠소?' 하며 빙긋이 웃었다.

그로부터 한 달 뒤, 나라에 큰 전쟁이 일어났다. 젊은이들은 몽땅 징병을 당했고, 그들의 열 명 중에 아홉 명은 목숨을 잃었다. 다리를 다친 농부의 아들은 전쟁터로 가지 않아 살아남았다. 시간이 지나 다리가 치료된 아들은 아버지의 일을 도우며 자식들과 행복하게 살았다.

인생은 새옹지마다. 버리려던 낡은 비옷이 폭풍우를 막아주고, 폭풍우 뒤에 아름다운 무지개가 뜨는 것이 인생이다. 자신의 생각대로 그림은 그려지지 않는다. 꿈꾸던 명작이 졸작으로 끝날 수도 있다. 오늘 불행하다고 슬퍼할 일도 아니고 오늘 행복하다고 오만해서는 안 된다.

공동 창업한 애플에서 해고당했던 스티브 잡스가 픽사와 넥스트를 창업하여 경험을 쌓은 후 애플로 복귀하여 세계 최고의 IT

기업을 이끌었듯 전화위복은 누구의 곁에도 있다. 그래서 삶은 매력적인 여정이다.

2002년 8월 말, 악몽 같던 태풍 루사를 잊을 수 없다. 양동이로 물을 퍼붓듯 폭우가 이틀간 강릉을 강타했다. 온 시내가 완전히 멈추어 섰다.

"지하 주차장에 있는 당신 차를 위로 옮겨야 하지 않아?"

"괜찮아. 동해안은 급경사여서 물이 바다로 그냥 쭉 빠져. 절대 침수될 리 없어."

"이렇게 종일 내리면 온 시내가 삽시간에 물바다가 될 것 같아. 지하 주차장도 잠길 거야."

"강릉에 30년 넘게 살았는데? 절대로 그런 일은 있을 수 없어."

아내에게 큰소리를 쳤지만 빗소리는 더욱 거셌다. 커피잔을 들고 거실 창가에 섰다. 대관령에서 커피거리가 있는 동해 바다까지 한눈에 들어온다. 태평양을 한순간에 덮어 버릴 듯 시뻘건 물줄기가 넓은 남대천을 가득 채워 흐른다. 강이 아니라 거친 바다다. 온갖 쓰레기와 뽑힌 나무들, 수많은 그릇과 가재도구가 끝없이 떠내려온다. 경승용차 한 대도 굴러오고 냉장고도 빙글빙글 돌며 뒤따른다. 시내 전체가 정전이 되어 아무런 소식도 들을 수 없었고, 비는 갈수록 거세게 몰아친다.

갑자기 겁이 덜컥 나서 급히 지하 주차장으로 내려갔다. 차량 출입구에서 폭포처럼 물이 쏟아져 들어오기 시작했다. 주차장에 있는 많은 차들은 한 대도 움직일 수 없었고 차 주인들은 우왕좌왕 정신이 없다. 차 문을 열고 대충 물건을 챙기는데 시뻘건 물은 발목을 덮고 이내 종아리로 올라오기 시작했다. 물 높이에 차 문도 닫지 못한 채 급히 1층으로 대피했다. 그런데 지상 주차장도 난리다. 아내의 차도 이미 발판까지 물에 잠겼다.

시간이 지나며 빗줄기가 가늘어지더니 언제 그랬냐는 듯 공포의 비는 사라지고 밝은 해가 비쳤다. 양수기 3대가 밤낮 3일간 물을 뽑아 올리자 겨우 차의 윤곽이 보인다. 그건 차가 아니라 내부까지 진흙으로 두껍게 코팅된 진흙더미다. 종일 견인차가 지하에서 폐차장으로 분주히 움직였다. 무려 40대나 되었다. 시간당 최대 100.5㎜, 1일 강수량 880㎜의 한국 역대 1위의 공식적 기록을 세운 악몽 같았던 이틀이었다.

성급한 고양이가 쥐를 놓친다. 좌우를 돌아보지 않은 성급한 판단, 절대 그럴 리 없다는 오만한 생각, 30년 넘게 살아온 그 경험의 확신 등이 만들어 낸 어처구니없는 결과였다. 마치 연승을 거둔 자만감 하나로 60만 대군을 이끌고 쳐들어갔다가 러시아의 초토화 전략에 말려 대패한 나폴레옹 꼴이었다.

남들은 그렇게 보지 않지만 내 성격은 급한 편이다. 무슨 일이든 즉시 판단하고 처리한다. 오랜 시간을 두고 여유 있게 꾸준히 밀고 가는 끈기가 매우 부족하다. 그러나 지나간 일에 연연해하거나 뒤돌아보지는 않는다. 물론 잠시 속상하거나 안타까울 때는 있다. 그러나 그때뿐이다. 쉽게 머리에서 지워버린다. 차를 옮기지 못한 것도 되돌릴 수 없는 지나간 일이다. 물 위에 떠내려 가는 공은 돌아오지 않듯 마음에 상처만 쌓는 후회는 아무 의미가 없다.

누구나 삶의 명작을 꿈꾼다. 명작의 꿈은 마음만으로 이루어지지 않는다. 사랑이 담긴 순수한 마음이 먼저다. 자신이 잡고 있는 하잘것없는 욕심을 모두 내려놓아야 한다. 놓을수록 어깨는 가벼워진다.

어제의 구름은 이미 지나갔다. 오늘 피어날 더 멋진 구름을 기대하는 마음으로 멋진 삶의 그림을 완성하고 싶다. 아쉬움과 후회로 덧칠하지 않고 따듯한 사랑의 붓을 다시 들어야겠다.

지붕부터 그리는 집

 초등학교 어린이들에게 집을 그리라고 하면 지붕부터 그린다. 그리고 천천히 아래로 내려오며 기둥을 그린다. 그리고 마지막으로 문을 그려 넣는다. 집을 다 그리고 난 후에 마당을 그리고 나무도 한 그루 세운다. 그들은 무엇부터 그릴까 생각하지 않는다. 아무런 고민 없이 자연스럽게 손은 지붕으로 향한다. 중고등학생들도 어른들도 별로 다르지 않다.
 실제 집을 지을 때는 전혀 다르다. 기초가 되는 터부터 닦고 그 위에 기둥을 세운다. 마지막 순서가 지붕이다. 그런데 왜 그림은 고민 없이 지붕부터 그릴까? 아무런 이유나 문제의식 없이 그런 순서가 된 이유는 무엇일까?
 어려서 누구에게 그렇게 배웠을 것이다. 고사리손에 처음 크레파스를 들려주며 손을 잡고 지붕부터 그려 주었고, 그것이 반복되며 손에 익숙해졌을 것이다. 그때부터 그냥 그렇게 버릇이 되었다. 자신도 모르는 사이에 습관이 되어 익숙한 모범답안이 된 것이다.

어느 날 샤워를 하면서 씻는 순서를 생각해 보았다. 처음에 머리를 감는다. 그리고 세수를 한다. 그다음에 비누칠을 하여 팔을 씻고 내려오며 몸통을 씻고 이어서 다리를 씻고 발을 씻는다. 팔과 다리를 씻는데도 순서가 있다. 오른쪽 팔부터 씻고 다리도 오른쪽이 먼저다.

누구에게 배운 것도 아니다. 언제부터 그랬는지 나도 모른다. 양치질을 할 때도 마찬가지다. 오른쪽 앞니부터 먼저 닦는다. 양말을 신을 때도 오른쪽 발부터 먼저 신는다. '샤워를 하고, 양지질을 하고, 양말을 신는데 왜 날마다 똑같은 순서로 할까?' 알 수도 이유도 없다. 그냥 그렇게 되었다.

며칠 동안 의도적으로 순서를 바꾸어 보았다. 샤워도 순서를 바꾸고 양치질도 반대로 해 보았다. 너무 어설프다. 손놀림도 어색하고 씻어도 깨끗하지 않은 것 같고 찜찜하다. 끝까지 바꾸어 마무리하지도 못하고 원래 순서대로 돌아오고 말았다.

며칠 전 동해 누님 댁에 가려고 고속도로 강릉톨게이트를 지났다. 그리고 바로 나타나는 갈림길에서 자연스럽게 북쪽 길로 들어섰다. 아차 했지만 이미 늦었다. 자연스럽게 늘 다니던 북쪽 길로 핸들을 돌린 것이다. 혼자 멋쩍게 웃으며 북강릉으로 나가서 다시 고속도로를 진입하여 돌아서 가는데 25분이나 늦어졌다.

누구나 어제와 같은 오늘이 편하다. 몸에 밴 타성이 변화와

발전에 가장 큰 걸림돌이라는 것은 알지만 그것이 쉽게 고쳐지지 않는다. 의지를 들일 때 잠깐은 가능하지만 생각하지 않으면 오뚝이처럼 다시 제자리다.

우리들은 누구나 현재의 안정과 편안함을 깨뜨리는 일을 하지 않으려 한다. 어제와 같은 오늘, 오늘과 같은 어제에 너무 익숙해 있다. 새로운 것에 대한 기대감보다 변화에 대한 긴장감과 두려움이 마음 깊이 자리 잡고 있다. 순서를 바꾸어 집을 그리려 하지 않는다. 그런 역전적 사고를 하지 않는 의식의 틀에 늘 갇혀 살아간다.

현직에 있을 때, 한 번의 기회가 화제가 되고 난 후, 특강을 많이 다녔었다. 학기 초에 학부모와 학생들 대상이 가장 많았고, 사회단체, 군부대, 노인대학에도 갔었다. 그때마다 빠짐없이 강조했던 두 가지가 있다. '자녀들을 신뢰하고 그들의 자리를 돌려주어라.'는 말과 '가장 어리석은 사람은 지금까지 하던 방식대로 하면서 더 나아지기를 바라는 사람'이라고 한 아인슈타인의 명언이다.

잘못된 습성의 반복은 멈추어야 한다. 그리고 발전적 방향의 돌파구를 찾아야 한다. 문제는 사고의 방향이다. 고정관념을 깨뜨리는 결단을 하지 않으면 더 나은 내일은 기대할 수 없다. 하루가 다르게 변하는 세상은 절대 내 편이 되지 않는다.

용기가 필요하다. 어설픔과 실수를 넘어서는 진정한 용기, 실수를 두려워하지 않는 강인한 결단력과 의지가 빛나는 결과를 만들어 낸다. 챔피언은 승리할 때 만들어지는 것은 아니다. 김연아를 만든 것은 멋진 점프가 아니라 천 번의 엉덩방아다. 무릎 꿇고 눈물 흘리며 포기하지 않았기에 가능했다.

우리가 늘 쓰는 포스트잇이 있다. 3M의 과학자인 스펜서 실버는 강력한 접착제를 개발하기 위해 무던히 노력했다. 반복을 거듭했지만 접착제는 약하게 붙었다 떨어지곤 했다. 그의 연구는 실패를 거듭했다. 그런데 그 실패의 모습을 동료 아서 프라이가 보았다. 그는 약한 접착제 활용 방안을 생각하다가 찬송가 책갈피로 사용했다. 이렇게 하여 전 세계 인구가 사랑하는 포스트잇이 탄생된 것이다.

집을 지붕부터 그리는 버릇을 과감히 멈추어야 한다. 나만의 순서를 생각하고 시도할 때, 가장 뛰어나고 독창적인 집을 완성할 수 있다.

학교 가는 아이들에게 '공부 열심히 해라. 선생님 말씀 잘 들어라.'는 말을 이렇게 바꾸면 어떨까? '오늘은 선생님께 많은 질문을 하고 오렴.'

왼손잡이

 시원한 바람에 여름이 서서히 밀려난다. 이즈음이 되면 늘 생각나는 곳이 있다. 50분 거리에 펼쳐진 하얀 메밀밭이다. 화려하지도 요란스럽지도 않다. 그 순백의 황홀함이 지난 계절의 지친 마음을 눈처럼 깨끗이 씻어 낸다. 세상은 참 아름답다고 느끼게 하는 마지막 숨결 같다.
 아내와 같이 메밀밭을 다시 찾았다. 마을도 들판도 온통 하얀색 물감을 부어 놓은 듯하다. 봉평 메밀꽃 축제가 시작되었는데도 생각보다 한적하다. 끝없이 펼쳐진 메밀밭을 마음 빈자리에 스캔하고 꽃밭 사잇길로 접어들었다.
 마음은 이미 달빛 내린 하얀 물결 속이다. 허생원과 조선달, 그리고 동이의 뒤를 따라 천천히 걸었다. '제천으로 떠난 허생원과 동이는 메밀꽃 핀 밤길을 걸으며 무슨 말을 주고받았을까? 동이는 제천에서 어머니를 만났을까? 만나서 무슨 얘기를 했을까?' 소설의 에필로그를 열심히 고쳐 쓰고 탈고를 거듭해 본다.

    달은 지금 긴 산허리에 걸려 있다. 밤중을 지날 무렵인지 죽은 듯이 고요한 속에서 짐승 같은 달의 숨소리가 손에 잡힐 듯이 들리며, 콩 포기와 옥수수 잎새가 한층 달에 푸르게 젖었다. 산허리는 온통 메밀밭이어서 피기 시작한 꽃이 소금을 뿌린 듯이 흐뭇한 달빛에 숨이 막힐 지경이다….

이곳 봉평을 배경으로 한 이효석의 『메밀꽃 필 무렵』은 우리나라에서 가장 유명한 소설 중의 하나로 꼽힌다 그럴 만한 충분한 이유가 있다. 그림 같은 서정적 배경과 감각적 묘사가 어느 작품보다 뛰어나다. 달빛이 쏟아지는 하얀 메밀밭, 그리고 그 옆으로 흐르는 시원한 개울은 한 폭의 멋진 수채화를 그려낸다. 다른 작품에서는 거의 찾을 수 없는 세밀한 묘사가 독자들의 마음을 한없이 설레게 한다.
  복선의 효과는 이 작품을 더욱 빛나게 한다. '얽둑배기요 왼손잡이인 드팀전의 허생원은 기어코 동업의 조선달에게 낚아보았다.'며 소설은 출발한다. 그냥 슬쩍 왼손잡이를 흘리고 아무렇지 않은 듯 넘어간다.
  달빛 아래 소금을 뿌린 듯 하얀 메밀꽃의 아름다운 여름밤, 나귀에 짐을 싣고 밤길을 걷는 장돌뱅이 세 사람의 이야기는 낭만적 배경 속에 이어진다. 뜻하지 않은 성서방네 처녀와 허생원의 물레방앗간 스토리를 긴장하며 따라가다 보면 어느덧 소설은 마지막 고개를 넘어선다.

"생원도 제천으로?"
"오래간만에 가보고 싶어. 동행하려나 동이?"
　나귀가 걷기 시작하였을 때, 동이의 채찍은 왼손에 있었다. 오랫동안 아둑시니같이 눈이 어둡던 허생원도 요번만은 동이의 왼손잡이가 눈에 띄지 않을 수 없었다.

　독자들은 처음에 아무렇지 않게 흘렸던 왼손잡이의 기억을 불러낸다. 그리고 허생원의 물레방앗간 스토리에 동이를 연결시킨다. 이 왼손잡이 복선은 작품을 더욱 빛나게 하며 우리나라 대표작으로 승화시키는데 한 부분을 차지한다.
　허생원은 갑자기 나를 불러낸다. 나도 허생원처럼 왼손잡이다. 그렇다고 완전한 왼손잡이는 아니다. 예민한 기능의 일을 할 때는 오른손으로 하고, 힘을 써야 하는 일은 왼손이다. 식사, 글씨, 바느질 등 정교하고 세밀한 일은 오른손이고, 테니스 라켓, 망치, 무거운 물건 들기 등은 왼손을 사용한다.
　할아버지 때도 그렇고 부모나 형제 중에 왼손잡이는 없다. 나 혼자다. 왼손잡이는 국민 전체의 약 10% 정도 되는 것으로 알려져 있고, 유전과 관계없다는 것이 아직까지는 정설이다. 환경적 요인, 유전적 요인도 어느 정도 있다는 연구 발표도 있지만 유의미한 연구 결과는 아니다.
　왼손잡이라고 사회적 제약이나 불이익은 없다. 그렇게 인식하지도 않는다. 하지만 내가 어릴 때에는 오른손잡이에 비해 부정적으로 바라보는 시각이 강했다. 그래서 어른들은 자식들에게 어려서부터 오른손으로 식사하도록 열심히 훈련시키기도 했다.

  제약은 없지만 생활 속에서 불편을 느낄 때는 가끔 있다. 호미, 낫 등을 사용할 때는 영 어설프다. 농기구나 일상생활 도구들은 대부분 오른손잡이를 기준으로 제작하고 왼손잡이는 대체로 배려하지 않는다.

  탁구장에 몇 달간 다닌 적이 있다. 어차피 배우는데 제대로 배우자는 생각으로 개인레슨을 받으며 체계적으로 훈련했다. 1시간 정도 힘든 훈련을 마치면 동료들과 단식, 또는 복식으로 연습경기를 한다. 그런데 나와 경기하는 것을 대체로 꺼렸다. 내 실력이 더 나은 것이 아닌데도 나와 경기를 하면 실력 발휘를 제대로 하지 못하고 지는 경우가 많기 때문이다. 그럴 수밖에 없다. 나는 항상 오른손잡이를 상대했고, 그들은 왼손잡이와 경기를 거의 하지 않아 내가 치는 공을 예측하거나 방향 잡기를 무척 어려워한다. 테니스를 즐겨 칠 때도 그런 현상이 많이 있었다. 운동경기에서는 왼손잡이가 장점으로 작용할 때가 많다.

  왼손잡이는 과학적으로 우뇌를 더 많이 사용하는 경향이 있어 창의력과 예술적 감각이 더 좋다는 연구 결과를 본 적이 있다. 그래서 인구 비례로 볼 때 예술가는 왼손잡이가 훨씬 많다고 한다. 테니스의 나달, 레오나르도 다 빈치, 빌 게이츠, 마릴린 먼로, 버락 오바마 대통령도 왼손잡이다.

안타까운 사연도 있다. 영국의 국왕 조지 6세는 왼손잡이로 태어났다. 궁궐에서는 어릴 때부터 고치려고 왼손을 사용하면 체벌을 가하면서까지 강제로 오른손 사용 교육을 시켰다. 그 결과 어린 나이에 심한 스트레스로 말 더듬 현상이 생겼고 그것은 평생 이어져 고통의 삶을 살았다. 영화 「The king's Speech」에 그 고통이 잘 묘사되어 있다.

왼쪽, 오른쪽은 방향만 다를 뿐이다. 다름은 틀림이 아니라 삶의 또 다른 해석일 뿐이다. 오른발과 왼발을 번갈아 내디뎌야 앞으로 갈 수 있는 것처럼, 어느 손을 쓰느냐가 중요한 것이 아니라 삶 속에서 어떤 의미를 만들어 가느냐가 중요하다. 조금의 불편함이 있다 할지라도 그 불편을 넘어 새로운 길을 만드는 것은 각자의 몫이다.

다시 메밀밭으로 달려갈 시간이 가까워진다. 금년에는 동이를 만나 허생원과 어머니의 멋진 만남, 그 이후의 아름다운 이야기를 듣고 싶다.

길 끝의 마루날

"그 생각을 내려놓아야 해. 대학을 나왔지, 오랜 직장생활도 했지, 자식들 결혼시켜 손자 손녀까지 보았는데 이렇게 해야 한다 저렇게 해야 한다는 것이 말이 되냐? 그냥 그대로 인정해."

"그래도 말이 되지 않는 얘기를 하잖아."

"그건 네 생각이지. 바로 그 생각을 내려놓으라니까."

고등학교와 대학을 함께 다녔던 절친 7명이 2개월 만에 다시 모였다. 김치찌개 속의 두부 같은 친구들이다. 서로 흉을 보고 험담을 늘어놓아도, 집중 공격을 당해도 허허 웃어넘길 수 있는 사이들이다.

그날도 다른 날과 같이 왁자지껄했다. 이마에 주름살이 늘어나니 말도 많아졌다. 어느 친구가 자기 논리가 옳다며 힘껏 목청을 높였다. 옆에서 나도 한마디 끼어들고 싶었지만 좀처럼 틈이 나지 않는다.

그날, 금융회사에 다녔던 친구의 '그 생각을 내려놓아야 한다.'는 말이 가슴에 깊이 파고들었다. '그렇지. 이제는 다 내려놓을 나이가 되었지.' 하는데, 지난날 마음에 큰 울림을 주었던 성경 구절이 퍼뜩 떠올랐다.

요한복음 8장에 간음한 여인 이야기가 나온다. 서기관과 바리새인들이 한 여인을 끌고 예수님 앞에 나온다. 몸과 마음이 엉망진창이 된 여인은 사형선고를 받은 듯 겁에 질려 있다.

"이 여인이 간음을 하다가 현장에서 붙잡혔습니다. 모세의 율법에는 이런 자를 돌로 치라고 했는데 선생은 어떻게 하시겠습니까?"

그들은 간음한 여인의 처벌보다 어떻게든 예수님을 곤경에 빠뜨리려는데 가장 큰 목적이 있었다. 예수님은 이미 그것을 알면서도 아무 말도 하지 않고 엎드려 손가락으로 땅에 무언가를 쓰고 있었다. 그들은 대답을 재촉했다. 그러자 예수님이 일어나며 말씀하신다.

"너희 중에 죄 없는 자가 먼저 돌로 이 여인을 쳐라."

그 말을 들은 주위에 모인 사람들은 들었던 돌멩이를 내려놓고 하나둘 자리를 떠났다. 이제 여인과 예수님만 남았다. 예수님은 여인을 향해 말한다.

"너를 정죄하던 자들이 어디 있느냐? 나도 너를 정죄하지 아니하니 가서 다시는 죄를 짓지 말아라."

성경에는 사람들이 돌멩이들 들고 있었다는 말은 나오지 않는다. 하지만 그들의 손에 돌이 들려 있지 않았다고 해도 그 마음 속에는 여인에게 던질 큰 돌을 들고 있었을 것이다.

친구들의 대화, 간음한 여인의 이야기를 다시 생각하게 된다. 나는 지금, 마음속에 무엇을 움켜쥐고 있는지… 때로는 말로, 때로는 행동으로, 때로는 마음으로 돌멩이를 들고 던졌다는 생각을 지울 수 없다.

젊은이들의 모습을 바라본다. 마치 새벽하늘을 밝히는 붉은 노을처럼, 또렷하고 선명하다. 옳다 그르다, 좋다 싫다는 의사 표현이 분명하고 자기 논리가 뚜렷하다 흑이 아니면 백이다. 그것이 더러는 단점일 때도 있지만 젊음이 가진 매력이기도 하다.

젊음을 지나 길 끝으로 향하면 회색 지대로 접어든다. 희지도 검지도 않은 희뿌연 모습으로 변해간다. 말은 점점 많아지고, 고집은 날이 갈수록 강해진다. 세상이 내 뜻대로 움직이지 않는다고 괜히 버럭 화도 낸다. 내 생각과 다른 생각은 밀어내고 마음에 품은 돌멩이를 점점 단단히 움켜쥔다. 더 높고 튼튼하게 자신의 성벽을 쌓아 간다.

젊은 날은 1억만 있으면 더 이상 소원이 없을 것이라 말한다. 그런데 1억이 채워지는 순간, 1억은 간곳없이 사라지고 눈앞엔 3억이 보인다. 삶의 무게가 어깨를 무겁게 눌러도 3억을 향해 좌우를 돌아보지 않고 달린다. 결국 3억이 채워진다. 그런데 기뻐해야 할 그때에 목은 더 마르다. 지친 몸으로 다시 5억을 향해 허우적거리며 마지막 스퍼트를 낸다. 그 힘든 시간 뒤에 남는 것은 아픈 무릎과 찌그러진 마음뿐이다.

 인생은 마음의 짐을 하나하나 내려놓는 여행이다. 노후의 멋은 버리고 내려놓느냐 끌어안느냐에 달렸다. 자신이 잡고 있는 돌멩이를 내려놓고 마음의 서랍을 하나씩 비워나갈 때 진정한 행복이 기다린다. 버리는 것은 잃는 것이 아니라 새로 얻는 것이기 때문이다.

 자식부터 내려놓아야 한다. 다 큰 자식을 잡고 있던 손을 이제는 풀어야 한다. 내가 컨트롤하는 것이 정답이라는 생각을 머리에서 지워야 한다. 잡으면 잡을수록 혼자 걷지 못하는 절름발이 자식이 되어 간다는 것을 왜 모르는가? 태어났을 때 이름을 지어준 것은 부모다. 그러나 그 이름에 어떤 색칠을 하느냐는 자신의 몫이다.

 대중가요를 거의 듣지 않는다. 젊어서는 유행하는 노래를 따라 흥얼거렸는데 나이가 드니 그럴 시간도 흥미도 없다. 어느 날, 문득 TV를 틀었다. 잔잔하고 은은한 리듬의 전주에 이어 노사연의 굵직하고 호소력 있는 목소리가 가슴을 울렸다. 은은하고 감미로운 리듬도 좋지만 한 편의 시와 같은 감성적 가사가 온몸을 촉촉이 적셨다.

 손에 잡은 것이 너무 많아 손이 아프다. 등에 짊어진 삶의 무게가 온몸을 아프게 한다. 매일 해결해야 할 문제로 여유 없이 바쁘게 걸어와 다리도 아프다. 그렇게 힘들고 지치고 외로울 때 누가 내 얘기를 들어준다면, 내 마음을 조금이라도 알아준다면 지금처럼 세월의 한복판에 덩그러니 앉아 있지 않았을 것이다.

 그렇지만 더 바라는 것은 없다. 단지 작은 한마디를 듣고 싶다. 그런 나를 정말 사랑했다는 말 한마디만 듣는다면 사막을 걷는다 해도 내겐 꽃길이 될 것이다. 그렇게 우리는 늙어 가는 것이 아니라 조금씩 익어 간다. 저 높은 곳을 함께 가야 할 사람은 바로 그대뿐이다.

 「바램」이란 노래다. 사랑하는 남편에 대한 간절한 여인의 마음이 절절히 녹아 흐른다. 정말 오랜만에 느껴보는 감동에 마음이 따뜻해진다.

 익어간다는 것이 무엇일까? 말로 설명할 수 없는 자신만의 아름다운 색깔이리라. 우리들은 누구나 너무 많은 것을 잡고 살아간다. 마음이 굳어져 복잡하게 그려진 흑판의 그림을 깨끗하게 지워내지 못하고 어제 같은 오늘을 살아간다. 그럼에도 불구하고 입으로는 하잘것없는 욕심과 세상의 번거로움을 다 내려놓아야 한다고 말한다.

 하염없이 흐르는 강물처럼 내 뜻대로 흘러가는 것이 인생이 아니다. 바람 따라 떠도는 구름처럼 한가롭게 걸어갈 수 있는 것이 세상 삶이 아니다. 사랑으로 하는 것 이외의 모든 것을 다 내려놓을 때 오솔길도 아름다운 길이 된다. 마루날은 길 끝에서 더욱 빛난다.

조금만 더

즐겨 타던 자전거에서 내려 산에 오르기 시작했다. 횟수가 거듭될수록 자신감이 붙고 욕심도 커졌다. '조금만 더 멀리, 조금만 더 높이' 하며 몇십 년간 산에 오른 분들을 따라 4~5시간 동안 밧줄을 잡는 바위산도 올랐다.

주저앉을 것 같은 힘든 고비를 버티고 드디어 정상에 서면 산보다 더 높은 기쁨의 전율이 온몸을 흔든다. 모든 피로가 한순간에 사라진다. 에베레스트 정상에 서서 '산은 정복하는 것이 아니다. 자신을 정복하는 것이다.'라고 한 에드먼드 힐러리의 말처럼 의지가 약한 자신을 넘어선 기분이다.

그렇게 신나는 1년 반이 지났다. 그런데 어느 날부터 무릎에 평소와 달리 뻐근한 약간의 통증이 느껴졌다. 스틱에 더 많은 힘을 분산시키고 무릎 보호대를 단단히 차고 속도를 줄여도 별로 달라지지 않았다. 속도는 점점 늦어지고, 쉬는 횟수도 늘어났다.

과욕이 낳은 결과다. 그때부터 '조금만 더'가 '오늘은 여기까지만'으로 바뀌기 시작했다.

대부분의 사람들은 '조금만 더'를 생활의 신조로 삼고 살아간다. 조금만 더 공부해서, 조금만 더 벌어서 하며 주위를 돌아보지 않고 달려간다. 그런 '조금만 더'의 인식은 자신에게 강한 동기를 부여하는 힘의 원천이다. 보다 멋진 미래를 향한 꿈이다.

적당한 양의 소금은 국의 맛을 살리지만, 한 숟갈 가득 넣으면 국을 망친다. 그런데 현실은 상식적 판단이나 예측 가능성과 반대의 결과를 초래하는 경우가 많다. 조금 더 혼자 자유로움을 즐기려다 노총각, 노처녀가 되고, 조금만 더 참다가 수술조차 할 수 없는 상황에 이른다. 조금만 더 저축하여 아파트를 사겠다고 하는 순간 아파트의 꿈은 점점 멀어져 간다.

어디 그뿐이랴! 조금만 더 단단히 조여야지 하던 줄은 끊어지고, 조금만 더 뒤로 하다가 낭떠러지에 떨어진다. 조금 더 오르면 팔겠다던 주식은 다음날 아침이면 폭락한다. 조금만 더 갖겠다고 아버지 영정 앞에서 식식거린 후, 원수처럼 살아가는 형제들 모습도 낯설지 않다.

잠시 발길을 멈출 필요가 있다. 고목나무 그루터기에 앉아 시원한 바람과 솔향기에 취하는 시간이 필요하다. 그 휴식의 평안과 여유가 더 높은 곳을 향해 오를 수 있는 힘을 부어 준다. 너무 많이 담으려다 바구니 찢어지는 일을 반복할 수 없다. 쥐를 잡겠다고 몽둥이를 휘두르다 장독을 깨는 오류를 범할 수는 없다.

며칠 전에 아내와 처이모님 문병을 다녀왔다. 흉추 7, 8번 골절로 상체를 고정 압박하는 특수 제작 의료 기기를 차고 있었다. 물건이 떨어져 식탁 밑으로 들어갔는데 조금만 더, 조금만 더 하며 힘껏 팔을 뻗다가 등에서 딱 하는 소리가 난 것이다. 80 중반을 넘은 연세에 불편하게 몇 개월 지내야 한다는 얘기를 듣고 안타까운 마음으로 돌아왔다.

어릴 때 늘 듣던 부모님 대화가 생각난다.

"식사하고 하세요."

"조금만 더 하면 돼."

"음식 다 식어요."

"알았어. 곧 들어갈게. 거의 다 했어."

텃밭에서 일하던 아버지를 어머니는 늘 그렇게 부르셨다. 옆에서 식사부터 하고 마무리하자며 한마디 거들지만 아버지께 내 말은 스치는 바람 소리다. 물려받은 것이라고는 골짜기의 땅밖에 없던 아버지는 그렇게 늘 조금만 더를 몸으로 실천하며 사셨다.

아버지의 조금만 더의 삶의 철학이 사랑이라는 것을 알게 된 것은 철이 들면서부터다. 그때부터 아버지의 마음이 내 마음에 가득 담기기 시작했다. 하교 후에나 휴일의 거의 모든 시간은 아버지와 함께 밭에 있었고, 배가 고파도 아버지를 뒤따라 밭에서 나왔다.

사람의 욕망은 끝이 없다. 언젠가 꽂히겠지 하며 끝없이 하늘에다 바늘을 던지는 사이에 주위 사람들이 하나둘 멀어져 간다.

그 종착역이 어딘지 알면서도 허황된 욕망을 놓지 못한다. 그렇게 어리석은 존재다.

'가장 부유한 사람은 지금 가지고 있는 것에 만족하는 사람'이라는 아일랜드 속담이 있다. 적절한 시간에 멈출 수 있는 사람이 진정 지혜로운 사람이다. '조금만 더'가 아니라 '여기까지'만을 다시 생각하게 된다.

동생에게 의존하는 궁핍한 삶을 살았던 빈센트 반 고흐는 평생 한 개의 그림만을 팔았다. 며칠간 먹는 것까지 아껴 물감과 캔버스를 사면서도 자신의 그림에 자기만의 독창성을 입히기 위해 노력한 진정 가치 있고 멋진 삶을 살았다.

카페 창가에 앉아 바닷가를 거니는 사람들을 멍하게 바라본다. 그 사람 속에 보고 싶은 분들의 그림자도 섞여 지나간다. 멀리 미국에 가 있는 친구, 내 가슴을 늘 설레게 하는 속초의 후배 교장, 치열하게 토론을 벌였던 서울에 사는 죽마고우도 어른거린다. 수염 하얗던 그 옛날 할아버지의 뒷모습도 있고, 1년 넘게 병원에 머물고 있는 형님 얼굴도 스친다.

늘 따뜻하게 감싸 주었던 분들, 그들에게 조금만 더 마음을 주지 못했던 시간들이 오늘따라 무척 죄송스럽다. 지금부터라도 그들의 마음속으로 더 가까이 다가가야겠다. 그렇게 사랑으로 인생의 마지막 반전 드라마를 쓰고 싶다.

의미 있는 존재

내가 그의 이름을 불러주기 전에는
그는 다만
하나의 몸짓에 지나지 않았다

내가 그의 이름을 불러주었을 때,
그는 나에게로 와서
꽃이 되었다

내가 그의 이름을 불러준 것처럼
나의 이 빛깔과 향기에 알맞은
누가 나의 이름을 불러다오
그에게로 가서 나도
그의 꽃이 되고 싶다

우리들은 모두
무엇이 되고 싶다

너는 나에게 나는 너에게
잊혀지지 않는 하나의 의미가 되고 싶다

한국의 현대시 중에 가장 많은 분의 사랑을 받는 김춘수 님의 시 「꽃」이다. '존재의 의미'에 대한 철학적 사유를 함축적으로 표현한 시어들이 너무 아름답고 감미롭다.

많은 시 중에 유난히 이 시를 무척 좋아한다. 감성적이고 정제된 언어에 매료되고, 깊은 상징적 의미에 마음 따뜻해진다. 그뿐 아니다. 쉬우면서도 깊이 있는 시어를 철학적으로 심화시기고, 꽃이라는 상징적 의미의 확장에 감탄이 절로 나온다. 더욱 내 마음을 파고드는 것은 너와 나에 대한 의미 부여다.

우리는 모두 서로 이름을 부르며 살고 싶어 한다. 상대방에게 잊히지 않는 하나의 의미가 되기를 원한다. 서로 편안히 어깨를 기댈 수 있는 존재로 살아가기를 꿈꾼다. 마음이 불편할 때 감추고 싶은 이야기까지 털어놓을 수 있고, 어려운 상황을 맞을 때 편안히 이름을 부를 수 있는 관계를 간절히 소망한다.

그런 관계를 위해서는 내가 먼저 그의 이름을 불러 주어야 한다. 내가 먼저 마음의 창을 활짝 열어야 한다. 그것이 의미 있는 관계의 첫걸음이다.

장영실과 세종의 물시계 사건이 있다. 사실 여부는 명확지 않지만 꾸준히 이어지는 이 이야기는 우리 인생에 대한 교훈과 함께 많은 질문을 던진다.

장영실은 뛰어난 발명으로 세종의 각별한 신임을 받고 있었다.

어느 날, 온 힘을 쏟아 연구하던 물시계(자격루)에 문제가 생겼다. 예기치 못한 문제를 목격한 세종은 장영실을 꾸짖는다. 문제는 그다음이다. 잘못된 부분을 인정하고 새로운 각오를 보여 주면 된다. 그런데 장영실은 평소 인품과 달리 자신의 탓이 아니라고 아뢴다. 너무나 신뢰했던 장영실의 뜻하지 않은 대답에 세종은 큰 충격을 받는다.

그 일이 있은 후, 장영실은 더 이상 공식기록에 등장하지 않았다고 한다. 말 한마디에 돈독했던 관계가 뿌리째 흔들리고 만 것이다.

살다 보면 때로는 본의 아니게 실수를 할 때가 있다. 너도 그렇고 나도 그렇다. 때로는 단 한 번의 말실수가 큰 오해를 불러 상대의 가슴에 비수를 꽂고, 좋던 관계를 한순간에 무너뜨리기도 한다.

관계는 마음의 깊이다. 그것은 주로 말을 통해 드러난다. 사물이 비뚤어지면 그림자도 일그러지듯 상대를 향한 마음은 관계의 깊이에 따라 다양한 모습과 빛깔로 변한다. 그래서 내게 의미 있는 존재일수록 진솔한 마음이 담겨 있는 말을 해야 한다.

'학교에 안 갔어?'라고 묻는 대신 '오늘 학교에 못 갔네.' 하고, '너만 힘들어?' 하지 않고 '너도 힘들지?' 하는 지혜가 필요하다. 이런 따뜻한 마음이 오갈 때, 너와 나의 관계는 더욱 단단해진다.

카피라이터 헬 스테빈스는 '말은 오븐에서 나와야지 냉장고에서 나오면 안 된다.'는 재미있는 말을 했다. 내 기준에 미치지 못한다고 잘못한 말만 기억한다면 나는 이미 그에게 의미 있는 존재가 아닐 수 있다.

'왜 그럴까? 왜 저런 말을 할까?' 하기 전에 먼저 스스로에게 질문해 보아야 한다. 그리고 상대의 마음에 들어가야 한다. 비록 귀에 거슬리는 말도 끌어안을 수 있는 포용심, 그것이 바로 의미 있는 존재가 되는 중요한 길이다.

학교는 무엇을 배운 후에 시험을 친다. 그러나 인생은 시험을 치른 후에 무엇을 배운다. 그래서 인생은 언제나 내 편이 되지는 않는다.

인내심이 부족한 편인 나는 하고 싶은 말을 잘 참지 못하는 성격이다. 상대의 잘못을 보고 그냥 넘어가기 쉽지 않다. 그래서 본의 아니게 불쑥불쑥 내뱉는 말이 부메랑이 되어 되돌아오는 경우가 자주 있다. 앞으로는 절대 그러지 말아야지 하지만 그게 그렇게 쉬운 일이 아니다. 돌아보면 모두 아쉬움뿐이다.

나는 오늘, 내게 의미 있는 많은 분에게 무슨 말을 했는가? 물결을 일으키지 않으려는 마음으로 던진 돌멩이 하나가 큰 파문을 일으키지나 않았을까?

찻잔 같던 마음에 던지는 작은 돌이 되었는지 다시 돌아보게 된다. 그럼에도 불구하고 마음 어딘가에 잔잔한 진심의 울림으로 남아 있기를 소망해 본다. 수십 년 자리를 지켜 온 나무처럼, 주위 분들에게 늘 의미 있는 그늘이 되고 싶다.

일야구도하기

첫째인 딸아이는 어려서부터 아빠, 엄마와 같은 교사가 되겠다는 꿈을 꾸었다. 그 목표는 대학에 들어갈 때까지 변하지 않았고, 결국 대입 주가가 가장 높던 시절에 교육대학교를 나와 교단에 섰다.

둘째인 아들은 달랐다. 어릴 때부터 늘 책을 들고 살았다. 무엇을 할 것인지는 자라면서 결정한다며 시간만 나면 책만 읽었다. 그러던 어느 날, 자신은 양복을 입고 여의도로 출퇴근하고 싶다는 말을 했다. 재학 중 군에 다녀와 대학을 졸업하면서 곧바로 은행에 들어가며 자신의 희망대로 지금 여의도로 출퇴근을 하고 있다.

초등학교에 다니는 두 손녀가 자신들의 꿈을 얘기한다. 큰 녀석은 의사가 되겠다고 하고, 작은 녀석은 약사가 되어 언니 병원 아래서 약국을 열겠단다. 몇 년이 흘러도 두 아이의 희망은 바뀌지 않는다. 그냥 꼭 그렇게 되도록 하라고 격려만 해 주었다.

잠깐 사이에 초등학교 마지막 때가 되었다. 이제는 소파에 앉아 무엇을 하며 사는 것도 중요하지만 어떻게 사느냐가 중요하다는 이야기를 들려준다.

누구나 자신만의 꿈이 있다. 취미나 특기를 생각하여, 성장과정과 가정환경의 영향으로, 감명 깊게 읽은 책이나 존경하는 인물에서, 또는 특별한 사건이나 체험 등을 통해 그 방향은 자연스럽게 결정되는 경우가 많다. 높은 지위에 오르고 싶은 사람, 큰 사업을 하기 원하는 사람, 스포츠 영웅이나 유명 연예인을 꿈꾸는 사람, 세상을 자유롭게 돌아다니며 즐기는 사람 등 가지각색이다.

꿈이 다르듯 삶의 모습도 모두 다르다. 어떤 이는 건강에 초점을 맞추고, 또 어떤 이는 시간만 나면 운동을 하고, 어떤 이는 남을 돕고 헌신하는 삶에서 보람과 큰 기쁨을 느낀다.

오스카 와일드는 인간의 가장 큰 불행은 두 가지라고 했다. 하나는 꿈을 이루지 못하는 것이고, 다른 하나는 꿈이 이루어지는 것이라는 것이다. 고개가 끄덕여진다. 꿈은 손에 쥐는 순간, 그 꿈은 더 이상 꿈이 아니다. 설렘이 사라진 차가운 현실이 다시 기다린다. 그럼에도 불구하고 끊임없이 꿈을 향해 힘든 발걸음을 옮긴다.

꿈꾸는 모습은 아름답다. 꿈꾸는 삶은 활력에 넘친다. 꿈은 긍정적 의욕을 자극하고 소망과 기쁨의 나날을 만들어 준다. 그렇게 꿈을 잃지 않는다면 무슨 일을 하든 좋고 나쁨이 없다. 더 중요하고 덜 중요한 것도 없다. 옳고 그름도 따질 수 없는 모두 소중한 가치를 지닌다. 문제는 꿈을 향해 달려가는 마음 자세다. 마음이 결국 삶의 질과 가치를 결정하기 때문이다.

연암 박지원이 청나라 황제의 고희(古稀)연에 사신으로 열하까지 갔을 때, 힘든 여정에서 직접 겪고 느낀 것을 기록한 열하일기에 「일야구도하기」가 나온다. 하룻밤에 아홉 번 강을 건넜다는 내용이다.

30대 초반에 이 글을 처음 대하고 큰 감명을 받고 내 삶의 목표, 내가 살아야 할 방향을 깊이 고민하기 시작했다. 돌아보면 그때 그 고민이 내 삶의 무늬를 바꾸어 놓은 이정표와 같은 역할을 한 것 같다.

박지원은 방문을 닫고 집 앞에 흐르는 계곡의 물소리를 다른 소리와 비교해 보았다. 솔바람처럼 청아하게 들릴 때는 마음이 평안할 때였고, 산이 갈라지고 언덕이 무너지는 소리처럼 들릴 때는 흥분했을 때였다. 천둥 번개가 치는 것 같은 소리는 놀라서 듣는 경우였다. 찻물이 끓는 듯한 소리도 들리고, 거문고 가락이 어울려 나는 듯한 소리도 들리고, 문풍지 우는 듯한 소리도 들렸다. 같은 물소리인데 왜 다르게 들렸을까? 소리를 들을 당시의 마음 상태가 다 달랐기 때문이다.

그가 황하강 하류에 이르렀다. 그런데 사람들이 모두 고개를 들고 강을 건너고 있었다. 그 모습을 본 박지원은 물이 너무 세차 위험하여 기도하며 건너는구나 생각했다. 그런데 알고 보니 눈에 보이는 시뻘건 물빛과 소용돌이가 너무 무섭고 어지러워 눈으로 보지 않기 위함이었다. 그들에게 물소리는 전혀 들리지 않았던 것이다.

그러다 이번에는 밤에 강을 건너게 되었다. 물소리가 삼킬 듯이 우렁차 너무 무서웠다. 하지만 시뻘건 물빛은 전혀 보이지 않았다. 같은 물빛, 같은 물소리인데 밤에는 소리만 들리고 낮에는 물빛만 보인 것이다. 그때 눈에 보이는 것과 귀에 들리는 것이 중요한 것이 아니라 모든 것은 마음에 달렸다는 큰 도를 깨달았다.

이 진리를 터득하고 말 안장 위에 덩그러니 올라앉아 강을 건너기 시작했다. 떨어지면 죽을 수 있는 위험한 상황인데도 강을 땅처럼, 물을 내 몸처럼 여기며 추락을 각오하고 건너자 귀에 들리는 강물 소리도 사라졌다. 무서운 강물도 보이지 않고, 귀에도 우렁찬 물소리가 들리지 않아 아무 위험이나 걱정 없이 편안했다. 결국 하룻밤에 아홉 번이나 강을 건널 수 있었다는 깊은 교훈이 담긴 이야기다.

눈에 보이는 소리와 빛은 귀와 눈에 걸림이 되어 올바로 보고 듣는 것을 방해한다. 세상의 진실은 보고 듣는 것이 아니다. 내 마음 중심이 어디에 있는가에 달렸다. 중요한 것은 '무엇을'이 아니라 '어떻게'다. '무슨 일을 하며 살아갈 것인가?' 이전에 '어떠한 마음으로 세상을 살아가야 하는가?'에 참된 미래를 향한 운

명의 씨앗이 뿌려진다.

　세상을 살아가는 것은 강을 건너는 것보다 훨씬 위험하다. 중요한 것은 목표를 향해 달리는 속도가 아니라 방향이다. 내가 무엇을 위해, 누구를 위해, 어떤 삶을 살기 위해 의사가 되고 약사가 되려 하는지 선명해야 한다. 스스로 질문하고 가슴으로 대답할 수 있어야 한다.

　과연 나는 하룻밤에 위험한 강을 몇 번이나 편안히 건널 수 있을까?

용감한 남편

"오늘 모임에 갔는데 남편에 대한 얘기들이 나왔어."
"그럴 줄 알았어. 그런데?"
"모두들 나이가 드니 아내 말을 잘 듣는다는 거야."
"그래? 당신은 뭐라고 했어?"
"전혀 아니라고 했지. 오히려 독재자라고…."
"내가? 그랬더니?"
"그 나이에? 엄청 용감한 남편이래."
'독재자? 용감한 남편?' 아내 말의 90%는 반어적 의미가 담긴 농담이 분명하다. 그들 모임의 성향, 그리고 대화 분위기 등을 유추해 볼 때, 표현하는 아내의 진의와 그 말을 받아들이는 분들의 마음에는 틀림없이 오차가 있다. 아내의 말은 유머이고, 그들의 용감한 남편이란 말은 '뭘 모르는 사람'이라는 의미가 강하다. 내가 이렇게 확신하는 이유가 있다. 그 답은 함께 살아온 40년이란 세월이다.

　아내가 운전을 한 지 30년이 지났어도 차 내부나 외부의 청소를 한 번도 하지 않았다. 주유소에 들어가 기름을 넣은 적도 없고 집안에서 청소기를 들지도 않았다. 분리수거장이나 음식물 버리는 장소 옆에도 가지 않았다. 어쩌다 세탁기를 돌릴 때도 순서를 다시 확인하곤 한다. 무엇보다 내 스마트폰은 언제나 오픈되어 있다는 것이 독재자가 아니라는 확실한 근거다.

　그렇다고 독재자란 말을 전적으로 부정하지는 않는다. 어쩌면 당연하다는 생각도 든다. 이런 판단에 가장 큰 영향을 미친 것은 서로 다른 성장 배경이다.

　나는 전기도 들어오지 않는 시골에서 5남매의 셋째로 태어났다. 밤낮 농사일에 바쁜 부모의 손이 전혀 미치지 못한 채 혼자 흙을 먹어가며 자랐다. 가운데 끼어 있으니 더욱 그랬다. 그런 환경에서 자란 영향으로 어려서부터 내 일은 내가 판단하여 결정하고 해결해 왔다. 그리고 그런 삶이 지금까지 체질화되었다.

　그와 달리 아내는 도회지에서 맏딸로 태어나 자식 사랑이 남달랐던 부모님의 손바닥 위에서 자랐다. 간단한 심부름조차 하지 않고 공부만 했다. 자연히 고민할 일도, 해결할 일도 없이 곱게 자랐다. 그렇게 차원 다른 두 세계의 삶은 자연스럽게 어른으로 이어졌다.

　결혼 후에도 달라지지 않았다. 내 말과 결정에 토를 달지 않고 전적으로 따른다. 가정의 재정 문제도 몽땅 내게 맡기고 집에 재산이 얼마가 있는지도 모른다. 알려고 하지도 않는다. 물론 믿음이 바탕이 되었겠지만 성장 배경의 영향에다 신앙의 힘도 크다.

누구나 그렇듯 살다 보면 뜻하지 않게 문제 앞에 설 때가 많다. 그것이 크든 작든 나는 대체로 즉시 답이 나온다. 그리고 바로 결단하고 속도감 있게 추진한다. 하지만 아내는 별로 심각하거나 어려운 것이 아닌데도 우선 '어떻게 해?' 하며 나를 바라본다. 그리고 내 뒤에 서서 내가 내리는 결론만 기다린다. 이제는 나이가 들었으니 먼 훗날 언젠가를 위해 홀로서기를 배워야 한다는 권유에 소금씩 달라지고 있기는 하다.

떨리는 마음으로 함께 주례 앞에 선 지 40년이 되었다. 3층 연립주택에서 연탄을 때면서 출발했던 기억이 생생한데 어느새 얼굴에 늘어난 주름살을 물끄러미 바라본다. 그 길고 긴 시간 동안 1주일 이상 서로 옆자리를 비운 적이 없다. '부부는 함께 살아야 한다.'는 평소 내 강한 소신의 결과이기도 하다.

청주에 가서 교장 연수를 받을 때 가장 오래 떨어져 있었다. 그것도 매주 월요일 아침에 집을 나와 금요일 저녁에 돌아왔으니 기껏 4일간 다른 침대에서 잤을 뿐이다.

계절이 어떻게 변하는지 모를 정도로 참 가쁘게 달려왔다. 두고두고 들추어 볼 이야깃거리도 많다. 웃음도, 눈물도 그저 스쳐 간 추억인 줄 알았는데 마음속 한 자리를 차지하고 늘 들추어 보게 한다. 그래도 집안에서 큰 소리가 난 적 없이 살아온 시간이 뿌듯하다. 함께했던 모든 시간이, 같이 나누었던 시시한 얘기하나까지도 돌아보면 모두 소중하고 아름답다. 마치 먼지 앉은 오랜 앨범을 펼칠 때의 마음처럼….

 아내도 몇 년 전에 퇴임을 했다. 퇴임과 함께 오전에는 이웃 분들과 운동센터에 간다. 평생 학교에서 시간에 매여 살았는데 지금부터라도 여러 기관에서 많은 프로그램을 운영하는데 좋아하는 것 하나 골라 배우는 것이 어떻겠느냐고 내게 늘 권유한다. 그 마음이 참 고맙지만 체질상 불가능하다. 머리를 쓰며 무엇을 배운다는 것은 이젠 딱 질색이다.

 그렇다고 매일 집안에 박혀 있는 삼식이는 아니다. 헬스클럽에 나가 근육을 기르기 위해 개인 지도를 받은 적도 있고, 탁구장에 나가 땀도 흠뻑 흘려 보았고, 힘든 요가도 해 보았지만 늘 약한 의지의 벽 앞에 주저앉았다.

 지금은 '건강은 대문 밖에!'라는 나름대로의 구호를 외치며 자전거를 타고 바닷가를 달리거나 매주 한두 번 산에 오른다. 오를수록 산의 매력에 점점 빠져들고 4~5시간 암산을 탈 수 있을 정도까지 되었다. 어느새 산은 나의 가장 큰 기쁨이요 취미로 자리 잡았다.

 그래도 절반의 시간은 아내와 함께한다. 간단히 점심 외식을 하고 바닷가 송림을 걷거나 백사장을 맨발로 걷기도 한다. 전망 좋은 카페에서 푸른 바다를 바라보며 멍 때리고 앉아 있기도 하고 책을 읽거나 각자 노트북을 펼친다. 저녁에는 잊지 않고 아파트 헬스장에 간다.

그렇게 반복되는 일상이 지루해지면 훌쩍 며칠간 여행을 떠난다. 아내는 나를 향해 밖에만 나가면 없던 힘이 펄펄 나서 날아다닌다는 말을 한다. 내가 생각해도 그렇다. 코로나가 극성을 부리던 기간에는 한 달에 한 번 정도는 그렇게 전국을 돌았다. 그때부터 아내도 여행에 눈을 뜨기 시작했다. 돌아보면 살아온 시간 중에 지금이 가장 여유롭고 행복한 시간이다.

아내의 카카오톡 방 이름에 '4인방'이 있다. 하루 스마트폰 사용 시간의 절반 이상을 빼앗는 공간이다. 얼마 전, 그 4인방 중의 한 명이 살고 있는 경기도 파주로 셋이 여행을 떠난다고 했다. 그런데 거리가 멀어 운전은 모두 부담되어 저녁 9시에 KTX를 타고 행신역으로 가기로 했단다. 자정 무렵 도착하여 자고 다음 날 고양 꽃 축제나 다른 좋은 곳에 나들이를 갔다가 그다음 날 아침 7시경 다시 KTX로 온다는 것이다.

"세상에 무슨 여행 일정이 그래? 2박 1일이네…."

각자 남편만 두고 오래 떠나 있기도 그렇고, 셋이 일정도 맞추기 힘든 데다가 KTX를 타고 행신역을 이용하면 쉽게 오갈 수 있어 그렇게 결정했단다.

"그래도 그렇지, 몇 년 만에 모이는데 3박 4일은 떠나야지! 그리고 자는 것부터 시작하는 여행이 어디 있어?"

내 말에 다시 스마트폰을 잡고 되 짜고 말 짜듯 하더니 날짜만 하루 늘려 3박 2일로 다녀오기로 했단다. 역시 한국의 주부들은 이것저것 할 일과 사연이 참 많은 것 같다.

나이가 들어서인지 아내가 없는 저녁이 너무 이상하다. 스마트폰을 두고 외출했을 때보다 더 허전하다. 냉장고를 열고 3일간 먹으라고 가르쳐 준 이것저것을 꺼내 식탁에 앉았지만 별 의욕이 생기지 않는다. TV를 켜고 멍하니 바라본다. 그래도 허전함은 채워지지 않는다. 내가 생각했던 것보다 빈자리가 크다.

문득, '사랑은 함께 있을 때보다 없을 때 그 무게를 실감하게 한다.'는 누군가의 말이 생각난다. 벽시계 소리도 더 커지고 식탁도 더 넓어졌다. 그렇다고 하룻밤에 뚝딱 만드는 동화 속의 궁전 같은 삶을 늘 꿈꾸는 것은 아니다. 시시한 얘기라도 둘이서 소중하게 차근차근 쌓아가는 돌탑 같이 사는 삶을 살고 싶을 뿐이다.

'과연 나는 독재자인가? 과연 나는 용감한 남편인가?'

비 오는 날 카페에서

　지난해 초부터 코로나가 세계인의 발걸음을 안방 소파에 묶었다. 일상적 삶조차 주춤거리며 얼어붙었다. 답답한 시간이 마치 막힌 창문 너머의 계절같이 흘렀다.
　그러나 그 시간이 어쩔 수 없는 시간만은 아니다. 모든 사람이 '사과가 떨어진다.'고 할 때, 생뚱맞게 '땅이 사과를 끌어당긴다.'는 뉴턴과 같은 역전적 사고를 한다면, 때로는 물구나무를 서서 세상을 바로 볼 수 있는 용기가 있다면 분명 코로나로 인한 위기가 기회일 수 있다.
　세상 속의 내 삶의 위치는 어디일까? 대체로 중간쯤, 아니면 약간 앞쪽인 것 같다. 하지만 여행과 관련해서는 가장 앞자리가 내 자리다. 아내가 이런저런 사연을 얘기해도 심플하게 결정하고 며칠간 훌쩍 떠나곤 한다. 그때마다 '여행만 떠나면 날아다닌다.'는 말을 아내에게 늘 듣는다.

이틀만 소식이 없으면 '무슨 일?' 하며 카톡을 보내던 3쌍의 부부가 12일간의 스페인, 포르투갈 여행을 떠났다. '외국에 코로나가 시작되었는데 괜찮을까?' 누군가의 목소리가 어깨너머로 어렴풋 들렸지만, 내 귀는 막혀 있었다.

기대 이상의 많은 이야기와 멋진 풍경을 가슴과 카메라에 담아 왔다. 너무 아쉬웠지만 열하루의 여행을 마치고 인천공항에 무사히 도착했다. 그런데 바로 다음 날부터 인천공항에는 여행용 캐리어를 든 사람들의 모습이 사라졌다. 코로나 유행 직전 마지막 여행, 절묘한 타임의 여행이었다.

길고 먼 여행을 다녀온 2~3주일이 지났다. 또다시 마음은 산과 낯선 바닷가를 걷기 시작했다. 자전거를 타고, 바닷가 송림을 걷고, 가까운 산에 올라보아도 마음이 채워지지 않는다. 온 국민들이 '오늘은 또 몇 명?' 하며 코로나 확진자 숫자에 초긴장을 할 때, 나는 열심히 지도를 검색하기 시작했다.

'바로 이때다. 떠나자.' 모두들 여행은 꿈도 꾸지 않으니 도로와 관광지가 복잡하지 않고, 호텔비를 포함한 경비가 매우 저렴할 것이고, 줄도 서지 않고, 밖으로 주로 다니니 코로나 걱정도 없다는 내 나름의 판단 근거를 아내에게 제시했다. 그리고 이틀 후부터 여행 계획과 일정을 알려 주었다. 염려하던 아내도 '정말 대단해.' 하며 옷가지를 챙기기 시작했다.

4월이 시작되며 바로 자동차 시동을 걸었다. 비행기를 탈 수 없으니 주로 3박 4일, 때로는 4박 5일로 본격적 국내 여행의 닻을 올렸다. 강릉을 출발하여 바닷가로 내려가면서 울진, 포항, 경주, 울산, 부산까지 동해안, 한두 달 뒤에는 부산에서 목포까지 남해안, 그다음은 목포에서 인천까지 서해안의 모래를 밟고 파도 소리를 들었다.

그렇게 해안선과 섬을 한 바퀴 돌고 발길을 내륙으로 옮겼다. 남부 내륙을 시작으로 중부 내륙을 거쳐 북부 내륙까지 섭렵하고 나니 1년 반이 지났다. 과거에 한두 번 다녀왔던 곳도 많았지만 작은 돌, 풀 한 포기도 새롭게 보이며 마음을 흥분시켰다.

여행은 멋나가지 않았다. 무궁화가 많이 핀 최고급 호텔도 고급 모텔 가격으로 쉴 수 있었고, 어디를 가도 줄을 서지 않아도 되고, 사진 찍는데 엑스트라 걱정도 없었다. 단지, 관광객이 적어 호텔식을 할 수 없는 곳은 아침 식사에 약간 어려움은 있었다.

먼 미래의 이야기로 들렸던 '인생칠십고래희(人生七十古來稀)'란 말이 드디어 내 이야기가 되었다. 아무리 생각해도 말이 되지 않는다. 그러나 부정할 수 없다.

한 달 전에 아들과 딸이 이번 추석 연휴와 그다음 주에 다른 계획을 잡지 말라는 전화를 했다. 그럴 줄 알았다. 칠순 날인 연휴 첫날, 그럴듯한 레스토랑에서 9명의 가족이 모여 식사를 하고 화려한 축하 행사를 벌였다. 그리고 며칠 후인 월요일 아침, 아내와 제주행 비행기에 올랐다.

세 번째 가는 제주도가 처음 같다. 모든 경비를 부담해 주는 아이들이 무척 고맙다. 떠나기 며칠 전부터 꼼꼼히 짠 스케줄대로 또다시 내 시간이 시작되었다. 첫째 날은 23,100보, 둘째 날은 22,700보, 셋째 날은 17,800보, 마지막 날 21,500보를 걷는 일정이 조금도 힘들지 않았다.

날씨도 완벽했다. 3일째와 4일째에 비가 온다는 예보가 며칠 동안 계속 나왔지만, 전혀 걱정하지 않았다. 10여 회의 해외여행과 오랫동안 다녔던 국내 여행에서 날씨는 항상 내 편이었다. 몇 년 전 몽골여행을 갔을 때는 이런 일도 있었다. 지금 여행하고 있는 곳은 화창했지만, 내일 가야 하는 저쪽은 비가 왔다. 그런데 다음 날 우리가 간 저쪽은 날씨가 화창했고, 어제 지난 쪽은 폭우가 내렸다. 그렇게 여행 내내 비는 우리를 피해 다녔었다.

셋째 날은 종일 비 예보가 있었지만 저녁까지 비가 내리지 않았다. 그런데 모든 일정을 마치고 호텔에 들어오는 순간부터 비가 내리기 시작했다. '내일은 비'라는 기상 예보를 보며 '마지막 날은 결국 비를 맞는가?' 하며 잠이 들었다. 그런데 밤새 강하게 내리던 비가 아침엔 부슬부슬 내리더니 호텔 문을 나설 때는 화창하게 갰다.

배를 타고 비양도에 들어갔다. 다른 여행객들은 섬 한 바퀴만 돌았지만, 아내와 나는 망설임 없이 정상으로 오르는 길로 접어들었다. 대나무 터널도 지나며 30여 분 올라 정상 등대 앞에 섰다. 사방을 둘러 펼쳐진 쪽빛 바다는 마음의 작은 티끌까지 쓸어 간다.

지금 창밖에는 비가 내린다. 비 오는 날 바닷가 풍경을 무척 좋아하는 아내와 버릇처럼 커피거리 그 카페에 들어섰다. 관광객이 뜸한 3층 통유리 카페에서 커피잔을 들고 멍하니 밖을 바라본다. 텅 빈 백사장, 평소보다 짙푸르고 성난 파도, 그 위를 갈매기가 애써 날갯짓을 하고 부서지는 포말은 세찬 빗줄기를 삼킨다.

참 세월이 빠르다. 앞자리에 앉아 있는 아내의 얼굴에도 이제 세월이 많이 묻었다. 한마디 불평 없이 동행해 준 따뜻한 마음에 가슴이 뭉클해진다.

또 하나의 계절이 멀어지고 있다. 문득 살아온 많은 시간들이 낡은 흑백 영화의 필름처럼 지나간다. 보다 자유하고, 충만하고, 풍요로운 삶을 살 수 있었을 것 같았는데 먼 길을 돌아온 듯한 느낌이다. 그러나 후회는 없다. 이제 다시, 자잘한 생각과 찌꺼기를 버리고 붉은색으로 변하는 백두대간 숲길을 오르며 마지막 나의 시간을 디자인해야겠다.

2

지금 그들은

가위 · 바위 · 보

아파트 베란다에 서서 멍하니 밖을 내다본다. 아이들이 놀이터에서 깔깔거리며 놀다가 무엇을 정하려는지 둘러서서 가위·바위·보를 한다. 처음 이긴 아이가 좋아 깡충거리며 옆으로 빠지고 나머지가 다시 모여 순서를 정한다. 잠시 안타까운 표정을 짓는 아이도 있지만 아무도 화내지 않는다. 봄 언덕에 갓 솟아난 연둣빛 새순 같은 꿈나무들이다.

요즘 TV나 신문을 보면 가슴이 답답해질 때가 많다. 놀이터 아이들과 정반대로 그늘진 얼굴에 몸은 온통 진흙투성이 모습들이다. 선의의 경쟁도 없고 순서나 질서도 사라졌다. 모두가 네 팔 네가 흔들고 내 팔 내가 흔들고 있다. 차이만 있지 다름을 인정하지 않는다. 우리 사회를 리드해야 할 정치가들에게 유독 심하다. 쓸어도 쓸어도 쌓이는 눈처럼 반목과 갈등의 골만 깊이 파고 있다. 모두가 어릴 때 놀이터에서 가위·바위·보도 하지 않고 자란 것 같다.

 그렇듯 세상은 온통 흑백 논리로 물들어 가고 있다. 그렇다고 흑백 논리 자체가 잘못된 것은 아니다. 선명성의 장점은 있다. 문제는 나와 다르다는 이유 하나만으로 상대는 무조건 검은색이라고 단정하는 치우친 사고다. 상대가 백이 되고, 내가 흑일 수 있다는 의식은 먹구름 속에서 별 하나 고르기다. 자신의 사고체계는 언제나 백으로만 리셋되어 있다.

 다양성은 발전적 미래를 위해 꼭 필요하다. 적절한 갈등은 조직의 힘을 증대시킨다. 그런데 그 다양성을 인정하고 합의에 의한 새로운 가능성을 찾아내려 하지 않는다. 벗어남이나 어긋남에서 새로움을 발견해 내려는 의식이 아예 없다. 그래서 가슴이 더 답답해진다. 되돌려 바라보는 지혜, 역지사지의 사고가 가슴 속에 뿌리내렸으면 참 좋겠다는 생각을 자주 한다.

 연년생인 두 손녀가 있다. 바라만 보고 있어도 모든 생각을 빼앗긴다. 내겐 늘 그런 존재들이다. 두 녀석은 잠시라도 떨어지면 못 살 것 같이 사이가 좋다. 맛있는 것이 생기면 주위를 보지 않고 혼자 먹을 나이다. 그런데도 혼자 있을 때 아무리 맛있는 것이 있어도 꼭 절반을 챙긴다. 집에 들어서자마자 들고 온 것을 동생에게, 또 언니에게 건네준다. 두 아이들 모두 그렇다. 누가 한 번이라도 가르친 적은 없다. 잠잘 때도 꼭 마주 보며 잠이 든다.

 그런 녀석들도 가끔 싸운다. 나이가 들며 눈에 띄게 횟수가 줄었지만 시작은 항상 별것 아닌 일이다. 그 모습을 바라보고 있으려면 애가 탄다. 당장이라고 끼어들어 옳고 그름을 가려 누구도 상처받지 않게 다독거리며 해결해 주고 싶다. 하지만 그럴 때마다 딸은 내게 절대 관여하지 말라고 강력하게 만류한다. 그리고 목소리가 아무리 높아져도 강 건너 불구경하듯 자기 일만 한다.

 싸우는 손녀들의 속상함보다 내 속이 더 타들어 간다. 그렇게 한참 긴장의 시간이 흐르다 보면 서서히 목소리가 작아진다. 이내 조용해지고 언제 그랬느냐는 듯 다시 어울린다.

 대타협이 이루어진 것이다. 계속 싸워 보았자 이익이 없다고 각자 인지한 것이다. 대부분 조건부 양보를 통해 자신의 주장의 합리성과 심리적 보상을 받는다. 어쩌다 타협이 되지 않으면 횟수를 정하여 가위·바위·보로 해결한다. 그리고 결과에 무조건 순종한다. 아이들도 대견하지만 스스로 해결을 기다리며 무관심한 태도를 취하는 엄마의 교육 방법이 너무 지혜롭다.

 가위·바위·보는 우리 삶의 한 부분이다. 각박한 삶에 신선한 활력소가 된다. 그런데 가위·바위·보를 하는 잠시 시간은 무척 긴장된다. '무엇을 내면 상대를 이길까?' 순간적으로 많은 고민을 한다.

 정답은 없다. 가위는 보를 이기고, 보는 주먹을 이기고, 주먹은 가위를 이긴다. 반대로 가위는 주먹에게 지고, 보는 가위에게 지고, 주먹은 보에 진다. 어느 누구도 유리하지도 불리하지 않는 매우 공평하고 합리적인 문제 해결 방법이다.

상대방의 마음을 예측할 수 있다면 승리할 수 있겠지만 그것은 전혀 불가능하다. 남녀도 관계없고, 노소도 의미가 없다. 지위의 높고 낮음이나 직업의 귀천 또한 문제되지 않는다. 그렇듯 가위·바위·보는 개별적 우월성이 없는 다이내믹한 의사 결정 방법이다.

놀이터의 아이들처럼 스스로 정한 규칙에 순종하고 함께 어울리는 지혜가 절실하다. 서로의 관계의 그물을 정확히 인지하고 따뜻하게 배려하는 사회, 모두가 승리하는 아름다운 세상을 소망해 본다.

들어오실게요

"정연기 님, 들어오실게요, 여기 의자에 앉으실게요."

간호사의 말이 귀에 무척 거슬린다. 오랜만에 검사를 위해 병원에 갔는데 갈 때마다 듣는 변함없는 간호사의 말투가 오늘따라 유난히 불편하다.

"간호사님. 죄송한데 '들어오실게요.'가 아니라 '들어오세요.', '앉으실게요.'가 아니라 '앉으세요.' 해야 옳은 표현이지요."

그럴 줄 알았다. 아무 대답이 없다. 표정도 떨떠름하다. 하지만 괜히 말했나 하는 생각은 들지 않는다. 언젠가 자신이 한 말은 한 번쯤은 돌아보겠지 하는 한 가닥 기대감 때문이다. 한평생을 교단에서 국어를 가르쳤던 직업의식 탓이 크다.

주사실에 들어가 자리에 앉았는데 다른 간호사가 들어온다. 이번에는 '팔을 걷으실게요.' 한다. 어차피 시작했는데 이 간호사에게도 그냥 넘어갈 수 없다. 팔을 걷으세요 해야 맞다고 얘기했다.

역시 '뭐 이런 사람이 있어?' 하는 표정으로 아무 반응이 없다.

　1층 약국으로 내려와 처방전을 내밀었다. 한참 후에 젊은 여자 약사가 약 봉지를 펴 들고 설명을 한다. '아침에 먹으실 약의 양이 많으세요.' 이건 또 무슨 얘기인가? 아니, 그냥 '약의 양이 많아요.' 해야지 왜 사람이 아닌 약의 양을 높일까? 혼자 쓴웃음이 나왔다. 어차피 시작한 것 여기라고 그냥 넘어갈 수 없다. 그런데 뜻밖이다. '예, 알겠습니다.' 한다. 병원에서 받았던 스트레스가 한순간에 풀린다. 약사님이 너무 고마워 다시 쳐다보았다.

　얼마 전에 아내와 옷 가게에 간 적이 있다. 아내가 어떤 옷을 가리키며 관심을 보이자 점원이 상냥하게 '이 옷은 가격이 비싸세요. 비싼 만큼 다른 옷과 재질도 틀리고, 촉감도 틀려요.' 한다. 이건 또 뭔가? 여기도 가격을 높인다. 그뿐 아니다. 재질도, 촉감도 다른 옷과 틀리단다. 당연히 다르다고 해야 하는데 왜 틀리다고 하는지 알 수 없다.

　가까운 지인 중에 조금만 차이가 나면 무조건 '틀리다'를 쓰는 분이 있었다. 말할 때마다 지적해 주어도 잘 고쳐지지 않았다. 편히 말할 수 있는 분이라 앞으로 '틀리다'는 말을 단 한마디도 하지 말고 무조건 '다르다'고 하면 된다고 얘기했다.

　그 후에 몇 번의 시행착오는 있었지만 지금은 틀리다와 다르다를 너무나 정확히 구분하여 사용한다. 그럴 때마다 기분이 좋아진다.

　어느 교수가 우리 국민의 80% 이상이 '다르다'라고 해야 할 곳에 '틀리다'를 쓴다고 했다. 그러면서 자주 만나는 사람들이 말을 잘못할 때마다 기분 나쁘지 않게 지적해 주라는 것이다. 방송에 나오는 기자들도 종종 다르다를 틀리다라고 표현하는 것을 보면 80%가 훨씬 넘을 듯하다.

얼마 전 올림픽이 있었을 때다. 아나운서가 메달을 딴 선수에게 마이크를 들고 다가갔다.

"네. 예상을 뒤엎고 금메달을 땄는데 축하합니다. 지금 기분이 어떠세요?"

"네. 기분이 너무 좋은 것 같아요!"

전 국민이 보고 있는 TV 방송이다. 당연히 '기분이 좋아요.' 해야 하는데 기분이 좋은 것 같단다. 지금 내 기분이 어떠한지 생각해 보니, 좋은 편에 속한다는 것인가? 이건 정말 아니다.

지난 6월에 아내와 동해시의 '무릉별유천지'의 라벤더 축제에 다녀왔다. 이곳은 오랫동안 시멘트 원료인 석회석을 생산하던 곳을 시에서 관광지로 개발한 곳이다. 표를 사고 셔틀버스를 탔다.

안내하는 여직원이 공손히 인사를 하고 마이크를 잡고 막힘없이 설명을 한다.

"이곳은 석회암 지대로 인근 시멘트 회사에서 석회암을 캐 가고 파인 깊은 웅덩이에 물을 채워 연못을 만들었습니다. 그리고 평평한 넓은 공간은 흙을 메워 공원으로 조성하여 총 ○○○○○평에 라벤더 꼬슬 심었습니다. 이 꼬슨 6월 초에 피기 시작하여 날씨가 더우신 7월 말까지 꼬시 지지 않습니다."

차창 밖에 전개되는 풍경은 그림 같았지만 갑자기 마음이 불편해진다. '꼬슬' 피우는 것이 아니라, '꼬츨' 피우는 것이고, '날씨가 더우신' 것이 아니라 '날씨가 더운'이라 말해야 한다.

하루 종일 수많은 관람객에게 녹음기를 틀 듯 같은 말을 반복할 것이란 생각을 하니 도저히 그냥 넘어갈 수 없었다. 모두들 차에 내려 꽃밭으로 갈 때 마지막까지 혼자 남았다. 앞서 가던 아내가 무슨 일인가 하며 뒤돌아본다.

"오해 없이 들어 주세요. 하루 종일 수천 명에게 똑같이 안내할 것 같은데 잘못 표현하는 말은 꼭 고쳤으면 좋겠어요."

그리고 잘못 사용한 '꼬슬'과 '날씨가 더우신'의 발음과 존칭에 대해 얘기해 주었다.

"아! 죄송합니다. 감사합니다. 꼭 고치겠습니다."

마땅히 들어야 할 말을 처음 들었다. 그날 라벤더 꽃밭은 유난히 아름다웠다.

더 기막힌 일이 그 무렵에 방송에서 일어났다. 강릉의 모 TV의 여자 아나운서가 뉴스 시간에 동해 무릉별유천지를 계속 보도 하였다. 그때마다 '무릉별' 띄고 '유천지'로 발음했다.

무릉계곡에서 '무릉'을 인용하고, 이백의 유명한 '산중문답'의 한 구절인 '별유천지 비인간'의 '별유천지'를 합쳐 만든 말이다. 당연히 전체를 붙여서 발음하든가 아니면 '무릉'과 '별유천지'를 짧게 띄어 발음해야 한다. 방송에 나올 때마다 계속되는 실수에 마음이 많이 불편했다.

우리말 오염이 심각하다. 오염이 문제가 아니라 우리말의 소중함에 대한 인식 자체가 없다. 글자 몇 자만 되면 줄여 쓰는 것이 들불처럼 번진다. 무슨 말인지 도무지 이해할 수 없다. 더 심각한 문제는 그런 말을 사용하지 않거나 알아듣지 못하는 사람들은 시대감각이 뒤떨어진 사람 취급을 받는다. 참 세상이 묘하게 변했다.

'넘사벽, 주담대, 득템, 스벅, 취준생' 정도는 이젠 연세 많은 분들도 다 아는 표준말화 되었다. '듣보잡, 졌잘싸' 정도도 귀에 익숙해졌다. 최근에는 무물(무엇이든 물어 보세요), 짐메추(점심 메뉴 추천), 만반잘부(만나서 반가워, 잘 부탁해), 스불재(스스로 불러온 재앙), 잼따(재미는 따로 있다)도 쓰이고 있다. 정치판도 온통 줄여 쓰는 말 홍수다.

하루가 달라지는 줄여 쓰는 말은 아무리 단어를 연결하여 연상해도 이해할 수 없다. 그런 말이 MZ 세대에, SNS에, 유튜브에 홍수처럼 번지고 있어 정말 가슴 아프다.

비정상을 알면서도 고치려 하지 않는 그들에게 '우리말을 마음대로 쓸 수 없어 힘들어하는 백성들이 가여워 새로 스물여덟 자를 만드니 쉽게 익혀 편하게 쓰게 하고 싶다.'고 한 세종의 음성을 다시 들려주고 싶다.

산은 강을 넘지 않는다

"이제 교장이 되었는데, 어떤 교장이라는 말을 듣고 싶은지 얘기해 봐."

"선생님들을 먼저 생각하는 합리적인 교장이요."

교장으로 첫 발령을 받고 나가기 직전, 늘 존경하던 선배의 질문에 즉시 나온 대답이다. 선배님은 '좋은 교장이 되겠네.' 하며 손을 꼭 잡아 주었다. '왜 이 말이 가장 먼저 나왔을까?' 집으로 돌아오며 그 이유를 생각해 보았다. 내가 자라 온 배경과 오랜 교직생활이 안겨 준 영향이 크다는 생각이 든다.

산은 강을 넘지 않는다. 강은 산을 거슬러 오르지 않는다. 그것이 순리이고 상식이다. 이런 순리와 상식적 가치관이 핵심 동력이 될 때, 교육의 성과는 극대화된다. 그러나 비합리적인 사고가 합리의 자리를 빼앗아 차지하고, 비상식이 상식을 집어삼키는 현실 앞에 깜짝깜짝 멈추어 선다.

친구들 사이에서 다툼이 생기면 담임은 그 사연부터 파악해야 한다. 그리고 대화를 통해 스스로 자신들이 문제를 해결하도록 유도해야 한다. 그래도 해결이 어려워지면 담임선생님이 두 아이를 만나 서로 상처받지 않도록 사랑으로 풀어 주고, 그것마저 불가능해지면 마지막으로 담임과 학부모가 마주 앉아야 한다. 그것이 합리적 해결 방안이다.

하지만 언젠가부터 이런 교육적 지도가 교육 현장에서 자취를 감추었다. 그런 지도가 이루어지도록 시간을 주지 않는다. 학부모의 분노한 목소리가 먼저 터져 나오고 옆에 서 있는 아이는 개선장군처럼 의기양양해진다. 상대 아이의 눈에 티끌만 커 보이지 내 아이 눈의 들보는 전혀 보이지 않는다. 보는 눈이 없다. 오직 상대 아이의 못됨과 지도하지 못한 담임의 잘못만 있을 뿐이다. 영문도 모르는 담임선생님은 늘 그렇게 학부모가 쏘는 화살의 타깃이 된다.

우리 교육 현장의 이런 모습을 목격할 때마다 정말 답답하다. 지덕체를 고루 갖춘 인격체를 기른다는 교육의 본질은 낡은 옛날이야기가 되었다. 부모에게 감사하고, 선생님을 존경하고, 가족의 소중함을 가르치지 않고 너도 어른과 똑같다는 인권이란 잣대부터 고사리손에 먼저 들려주었기 때문이라는 생각을 떨칠 수 없다.

젊었을 때, 친척의 초청으로 초등학생, 중학생인 두 아이들을 데리고 미국에 다녀왔다. 그때 가장 먼저 찾아 간 곳이 조카들이

다니는 초등학교다. 우리나라의 모든 학교에 컴퓨터실을 만들어 컴퓨터 교육에 매몰되어 있을 때, 미국 학교 교실에는 컴퓨터가 없었다. 아예 컴퓨터 교육도 시키지 않았다. 둘러앉아 책을 읽고 독후감을 쓰고 토론하고 발표하는 아이들을 보고 큰 충격을 받았다. 그때, 이런 독백을 했다. '미국이 세계를 지배하는 이유가 있구나!'

아직도 우리는 책을 읽고, 글을 쓰고, 토론하는 교육보다 컴퓨터를 활용하는 IT교육에 치중한다. 흑판과 분필은 무용지물이 되어 가고, 수업 시간은 교과서 대신 컴퓨터 화면만 들여다본다. 그 결과, 눈을 뜨면서부터 이불 속에 들기까지 스마트폰, 컴퓨터 게임과 이상한 사이트에 매달리는 아이들, 맞춤법도 모르고 몇 줄 글도 쓰지 못하는 아이들이 점점 늘어나고 있다.

산은 강을 넘지 않는다. 자식이 부모를, 학생이 선생님을 넘어설 수는 없다. 남학생이 여선생님을 희롱하고, 수업 시간에 컵라면을 먹고, 사물함 위에 드러눕는 아이들이 사라지지 않는 한 우리에겐 미래가 없다. 잘못을 지도하는 선생님을 향해 '아동 학대로 고발할까요?' 외치고, 선생님을 노려보며 '동영상 찍어 올려요!' 하는 기상천외한 이야기가 낯설지 않다.

아이들이 처음부터 그렇지는 않았다. 예나 지금이나 어릴 때는 예쁘고 착하다. 선생님들의 교육적 열정이 떨어진 것은 더욱 아니다. 교육 환경은 어느 나라보다 우수한데도 모두들 우리 교육 현장을 보고 학교가 무너졌다고 말한다. 무너진 것이 아니라 무너뜨린 것이다. 교육을 좌지우지하는 힘 있는 분들이 만든 교육 정책의 영향이 가장 크다는 생각을 지울 수 없다.

교실에 한 번도 들어가 보지 않은 분들이 AI와 컴퓨터에서 끄집어 낸 이론으로 교육을 좌지우지하고 있는 것은 아닌가? 인권 침해, 아동 학대란 말을 거침없이 내뱉으며 눈을 부릅뜨고 반항하는 아이들의 모습을 그들은 직접 본 적이 있는가? 선생님들이 '아이들을 지도할 수 있게 해 달라.'는 통곡의 목소리를 듣고 무슨 생각을 했는가? 학부모에게 얼마나 시달렸으면 '오늘도 잘 데리고 있다가 집에 보내주어야 하나?'라며 노심하는 선생님들의 아픈 마음을 한 번이라도 생각해 보았는가?

학생지도에 가장 어려운 점이 무엇이냐고 교사를 대상으로 설문조사를 했는데 학부모라는 대답이 가장 많았다 한다. 그리고 아이들 속에 들어가 함께 어울리며 소신껏 지도할 시간을 빼앗는 각종 법규와 지침, 사회적 분위기가 선생님들을 제한하고 통제하기 때문이란다.

교권을 확립하여 교사들의 사기를 진작시키고, 올바른 학생지도를 할 수 있도록 도와주는 정책은 나오지 않고, 교사들 앞에 서서 방어막을 쳐 주는 분들도 보이지 않는다. 어쩌다 문제가 생기면 도와주기는커녕 누구의 눈치를 보는지 오히려 힘없는 교사들이 더욱 곤경에 빠지게 방치하는 모습이 더 이상 있어서는 안 된다.

강물은 순리대로 흘러가야 한다. 교육의 주체는 학생이지 학부모가 아니다. 교육 행정가는 더욱 아니다. 더 이상 교육이 무너지게 내버려 둘 수 없다. 끝까지 아이들을 포기하지 않고 사랑으로 부둥켜안고 있는 선생님들의 눈물을 정녕 외면하지 말아야 한다.

 교육을 제자리로 돌려놓는 방법은 쉽고 간단하다. 교사를 신뢰하고 모든 것을 맡기면 된다. 이것 하라 저것 하라 통제하지 말고 업무량을 줄여 마음껏 아이들과 어울리게 해 주어야 한다. 학교에서 학부모의 입김이 사라지고, 교육 정책의 입안자들과 행정가들은 교사들 뒤에서 울타리만 되어 주면 된다. 아이들이 마우스 대신 다시 연필을 잡게 하면 된다. 교사가 아이들의 손을 잡고 함께 웃을 때 우리의 미래는 약속된다.

 퇴임을 하기 전 학교를 옮길 때마다 현관 입구에 이런 슬로건을 새로 만들어 걸었다.

 '선생님은 학생 속으로, 학생은 선생님 곁으로, 학부모는 학교와 함께'

리듬

 음악을 듣다 보면 가장 먼저 가슴을 흔드는 것이 있다. 가사의 의미를 생각하기 전에 심장에 먼저 닿는 울림이 있다. 리듬이다. 리듬은 음악의 흐름과 박자를 결정하며 멜로디와 화성의 기반이 된다.
 가끔 세상을 떠들썩하게 하는 노래가 있다. 음악이나 노래에 별로 할 말이 없는 나 같은 사람도 바람결에 흐르는 노래를 계속 듣다 보면 어느새 가사도 리듬도 익숙해진다. 왜 좋아하느냐고 물으면 그 이유를 정확히 설명할 음악적 식견이 없다. 그냥 흥겨운 리듬 때문이다. 이처럼 리듬은 언어와 육체의 장벽을 넘어 원초적 본능을 강하게 자극한다.
 노래에서 멜로디와 가사는 매우 중요하다. 한 줄, 한 구절의 가사가 눈물을 불러일으키기도 하고 기쁨으로 몰아가기도 한다. 그런데 그 멜로디와 가사가 마음에 깊이 스며들기까지 리듬이 먼저 길을 열어 준다. 리듬이 심장을 두드리고, 그 떨림이 멜로디와 어울려 감정을 흔들어 놓을 때 비로소 가사는 가슴을 파고든다. 리듬이 없는 노래의 가사는 메마른 종이 위의 글씨에 불과하고, 리듬을 얻은 가사는 역동적으로 살아 있는 생명체가 된다.

지구가 리듬을 잃어가고 있다. 이 말을 참 자주 하게 된다. 천체와 지구에 대해 알기 때문은 전혀 아니다. 잘 모르는 내 입에서 이런 말이 자주 나오는 것은 그만큼 심각하게 피부에 닿기 때문일 것이다.

'환경이 파괴되고 있다. 지구의 오염이 심각하다. 생태계가 파괴되고 있다. 빙하가 녹아내린다. 지구의 온도가 해마다 올라간다. 앞으로 몇 년 후면 이렇게 변할 것이다.' 등등의 충격적인 뉴스가 지금은 전혀 놀라운 뉴스가 아니다.

깨진 유리창의 법칙이 있다. 골목에 세워 둔 깨끗한 차가 처음 한 장의 유리창이 깨지면 걷잡을 수 없이 여러 곳 유리창이 깨지고 부서진다. 한 곳의 작은 구멍이 거대한 댐을 무너뜨리는 것처럼 한 번 리듬이 무너지기 시작하면 걷잡을 수 없이 확산된다. 이런 자연의 변화 앞에 인간의 힘은 한없이 미약해진다.

자연을 바라보면 예사롭지 않다. 봄과 여름, 가을과 겨울이 고유의 박자를 지키며 순환하던 계절의 노래가 점점 흐트러지고 있다. 봄이 없어지고, 가을도 사라져 간다. 한겨울에 꽃이 피고, 장마철에 가뭄이 든다. 눈 구경하지 못하던 호남지방에 폭설이 내리고, 폭설이 내리는 영동지방은 먼 산에 눈보라만 날리는 겨울이 반복된다.

  강릉의 3다(三多)를 소나무, 누에, 학이라고도 하고, 소나무, 감나무, 물이라고도 한다. 예로부터 강릉은 물 걱정이 전혀 없는 도시다. 그런 강릉에 지난 8월 말에 '나 홀로 가뭄'이라는 누명을 뒤집어쓰고 심각 단계를 거쳐 재난 지역으로 선포되었다. 공공시설의 물 공급이 점점 중단되고, 가정도 50% 절수에서 75%까지 끌어올리다 얼마 전부터 아침저녁으로 각각 3시간씩만 공급하고 있다. 줄어든 물을 틀면서도 죄스러운 마음이 먼저 든다.

  하나의 대륙 전 지역에 산불이 번져 가는데 저쪽에서는 홍수로 도시 전체가 호수로 변한다. 그런가 하면 또 다른 쪽에서는 폭설로 집이 무너지고, 허리케인이 집을 공중으로 들어 올리는 현상이 우연일까? 분명, 지구는 지금 심각하게 리듬을 잃고 중병을 앓고 있다.

  생각해 보면 정말 무서운 일이다. 우리의 삶에 결정적 타격을 주고 나아가 생존을 걱정하게 된다. 육체에 리듬이 깨지면 병이 오듯, 지구가 리듬을 잃으면 인류가 병들 수밖에 없다. 지구 전체의 리듬이 무너지는데 미약한 인간의 힘을 생각하면 답답해지는 마음은 나만이 느끼는 것은 아닐 것이다.

  조용히 삶을 돌아본다. 삶도 음악과 다르지 않다. 리듬이다. 리듬을 잃지 않아야 한다. 일정한 리듬은 건강한 삶을 약속한다. 누구나 젊은 날엔 빠르고 경쾌한 템포로 하루를 달려간다. 그러다 나이가 들면 조금 느려지지만 그래도 각자의 박자에 맞추며 살아간다. 중요한 것은 그 리듬을 잃느냐 잃지 않느냐에 달렸다.

 나이가 들면 생활의 리듬이 무너지기 쉽다. 몸과 마음은 금세 흔들린다. 잠드는 시간이 들쭉날쭉해지고, 식사가 불규칙해지고, 움직임의 박자마저 흐트러지면 몸은 병을 부르고 마음은 쉽게 지쳐간다. 리듬을 잃는 순간, 삶의 노래는 금세 음정을 놓치고 만다.

 지난날이나 지금이나 내 삶은 일정하다. 땡 하면 수업에 들어가고 땡 하면 나오고 땡 하면 점심을 먹었다. 그런 생활 습관이 가장 큰 이유겠지만 내가 자랑할 만한 유일한 한 가지는 시간 개념이다.

 아침 5시 반이면 어김없이 일어나 기도로 출발한다. 아침 식사는 7시 30분경에 하고, 12시부터 점심을 먹고 저녁 식사는 6시경에 시작한다. 약간의 차이가 난다고 해도 10분에서 20분 사이다. 그러다 밤 10시 30분이면 정확히 불을 끄고 잠자리에 든다.

 물론 예외는 있다. 중요한 점심 약속이 1시에 있을 수도 있고, 저녁 회식을 7시에 할 때도 있다. 하지만 특별한 일이 없으면 내 시간의 추는 일정하다. 주위에서는 '그렇게 시간을 맞추어 어떻게 사냐? 스트레스 받지 않나?'라고 하지만 실제는 전혀 다르다. 그게 훨씬 편하다. 조금도 힘들거나 불편하지 않다. 오히려 리듬을 벗어날 때 더 많은 스트레스를 받는다.

 언젠가 KBS 1TV의 「무엇이든 물어보세요」 방송을 보고 생활의 리듬을 지키는 것이 건강한 삶에 얼마나 중요한지 새삼 고개를 끄덕인 적이 있다.

그렇다. 삶도 음악이다. 일정한 리듬은 삶을 지켜 주는 악보다. 심장이 여전히 뛰고 있다는 사실을 확인시켜 주듯, 새벽에 일어나서 잠자리에 들 때까지 규칙적인 박자가 내 가슴에 하루의 발자국을 남긴다. 흔들리지 않는 리듬을 지키는 것이 나이 들어 가장 중요한 지혜라는 생각을 다시 하게 된다.

오늘도 우리의 심장에 쉼 없이 박자가 울린다. 이 작은 리듬이 삶을 지탱하는 마중물이 된다. 자연도, 지구도, 그리고 우리 인간들도 잃어버린 리듬을 회복해야 한다.

인생은 결국 하나의 음악이고, 지구는 그 음악을 울려주는 가장 큰 악기이다. 잃어버린 리듬을 되찾을 때, 우리는 조화 속에 더 아름다운 노래를 마음껏 부를 수 있으리라.

3월이 되면

교감 승진을 하고 첫 발령을 받았다. 폐광 지역의 3학급의 여중으로 전체 학생수가 45명인 소규모 학교다. 교사가 8명이라 수업시수 부담은 적지만 전공과목 이외의 교과도 담당해야 하는 부담은 있다. 규정상 전교 6학급 미만이라 교감도 수업을 해야 한다.

교무부장이 2학년 한문 교과 주당 2시간 수업을 맡아 달라고 부탁을 했다. 학급당 40명의 고등학생들을 대상으로 하루 6시간 이상 수업을 했는데 16명의 순진한 여중 아이들을 주당 두 번 만난다는 것은 오히려 큰 기쁨이었다.

흥분되는 첫 시간이다. 교실 문을 열자마자 아이들이 '안녕하세요?' 하며 박수를 친다. 너무나 밝고 순진한 표정과 초롱초롱한 눈망울들이 따사로운 봄볕과 함께 교실을 환하게 밝혔다.

간단하게 나를 소개하는데 질문들이 쏟아졌다. 나이가 몇이냐,

고향이 어디냐, 중학생 아이들은 있느냐, 우리 학교에 오니 좋으냐 등 끝이 없다. 철없는 그 모습들이 너무 귀엽다. 잠깐 사이에 30분이 지났다.

첫 시간이라 우리 고장의 주소와 학교 이름, 그리고 자기의 이름을 한자로 노트에 써 보자고 했다. 예상대로 글자가 아니라 그림을 그린다. 그래도 정성을 다하는 모습들이 너무 귀엽다. 한 명 한 명 쓰는 순서를 교정해 주며 지나다 어느 학생 앞에 멈추었다.

"야, 너 정말 글씨 반듯하고 예쁘게 잘 쓴다. 순서도 틀리지 않네."

"감사합니다."

그 학생이 정애(가명)다. 전체 16명 중에 한자를 가장 잘 썼다. 용모도 단정하다. 교무실에 돌아와 선생님들께 처음 눈에 들어온 정애 이야기를 했다.

"정애란 아이 어때요?"

"예? 정애요?"

모두들 놀라며 아무 말이 없다. 바로 담임 선생님이 다가왔다. 그리고 조용히 정애에 대한 이야기를 하나하나 들려준다. 내가 받은 첫인상과 정반대의 이야기에 큰 충격을 받았다.

"교감 선생님, 그 아이 잘 지도해 주세요. 단수가 아주 높아요."

정애는 학교의 짱이다. 명성과 달리 외모는 단정했다. 아이들에겐 선생님 말보다 정애의 말이 더 우선이다. 말 한마디에 아이들이 알아서 움직인다. 밤에 아이들을 불러내 몰려다니고 술도 가끔 마신단다.
 '그럴 만한 동기가 있지 않을까?' 하는 생각이 들었다. 선생님들께 가정 얘기를 들어 보니 역시 예상대로다. 탄광촌에 사는 분들의 대부분이 그렇듯 가정 환경이 너무 안 좋다.
 퇴근을 하는데 정애가 계속 생각났다. 정애를 그냥 내버려 두어서는 안 되겠다는 생각이 강하게 들었다. 칭찬은 고래도 춤추게 한다는 말이 생각나고, 언젠가 어느 책에서 읽었던 피그말리온 효과 실험 결과도 떠올랐다.
 미국의 어떤 심리학자와 교장이 한 초등학교에서 실험을 했다. 무작위로 학생을 선정하여 교사에게 '이 아이들은 앞으로 성적이 크게 향상될 가능성이 있는 특별한 아이들입니다.'라고 했다. 아무런 조건도 없는 평범한 아이들이었지만 그때부터 교사들이 기대를 가지고 칭찬하고 격려하기 시작했다. 그러자 실제로 성적과 자존감이 눈에 띄게 향상되었던 것이다.
 둘째 시간이다. 몇 명을 불러 흑판에다 숙제로 냈던 한자를 쓰게 했다. 물론 정애도 불렀다. 정애 글씨가 눈에 들어온다. 여러 아이들 앞에서 흘러가듯 가볍게 칭찬을 해 주었다. 그리고 교내에서 정애를 만날 때마다 아무 말이나 꼭 한마디씩 건넸다. 특별히 할 얘기가 없을 때는 날씨 얘기도 하고 다음 시간이 무슨 시간이냐고 묻기도 하며 웃어 주었다.
 그렇게 일주일쯤 지났다. 쉬는 시간에 선생님들이 정애 이야기를 하고 있었다. 수업 태도도 좋아지고 아이들에게도 너무 친절하게 잘 해 준다며 놀라워한다. 어제는 청소도 솔선수범했다며 이구동성으로 정애를 칭찬했다. 칭찬은 정애를 춤추게 했다.

정애의 변화에 학급이 달라지기 시작했다. 교실은 늘 웃음이 번지고 아이들 표정은 더 밝아졌다. 먹을 것을 서로 나누고 점심시간에는 생일파티도 벌였다. 그 모든 중심에 정애가 있었다.

시간이 흘렀다. 정애는 졸업을 하고 병설 고등학교로 진학을 했다. 여전히 달라진 모습으로 즐겁게 지냈다. 가끔 교정에서 만나면 가볍게 손을 흔들어 주거나 짧게 대화를 나누었다.

2년 반이 지난 8월 말, 첫 발령의 아름다운 추억을 간직한 채 학교를 옮겼다. 정애와 마지막 인사를 하지 못하고 온 것이 못내 아쉬웠다.

새 학교에서 몇 개월이 지났다. 정애가 학교를 그만두었다는 소식이 바람결에 들려왔다. 가슴이 철렁했다. 왜 그만두었는지, 그리고 어디로 갔는지 더 이상 묻지 않았다. 정애의 판단이 정애의 장래를 위한 더 좋은 길이라는 확신과 믿음으로….

창가에 스며드는 햇빛이 따사롭다. 또다시 3월이 되고 학기가 시작되었다. 교감 첫 발령을 받은 800고지의 양지바른 언덕 위의 학교, 해맑고 순진한 아이들의 모습들이 아른거린다. 그 가운데 정애가 밝은 모습으로 아직도 서 있다. 지금쯤 정애는 멋진 숙녀가 되었으리라.

챔피언의 기적

 2010년 3월 1일 자로 주문진중학교로 발령받았다. 주문진은 아주 특수한 교육 환경을 지닌 곳이다. 관내에 5~6개의 초등학교가 있고, 고등학교도 보통계고와 특성화고 2개교인데 중학교는 주문진중학교 하나뿐이다. 규모도 26학급으로 도내에서 큰 학교에 속한다.
 지역 주민은 거의 주문진중학교와 인연이 있다. 대부분 졸업생이고 아니면 학부모거나 가족 중에 누군가 졸업을 했다.
 이런 특수성은 대체로 학교에 긍정적 힘으로 작용한다. 하지만 관심도의 크기에 비례하여 학교에 부는 바람은 거세다. 그래서 학교를 옮겨야 하는 교사들은 대체로 꺼려 한다. 게다가 어촌 지역의 교육적 열악성, 강한 주민 성향, 성적 저조와 빈번한 학생 사안 등도 기피하는 이유다. 이런 기피 현상은 관리자들에게 더 심하다.

그러나 나는 정반대였다. 교사의 마지막 5년을 이곳 인문계고에서 근무했던 좋은 기억이 있고, 6년간 근무했던 아내도 무척 정을 붙였던 곳이다. 다소 거친 부분도 있지만 의외로 순수한 인간미가 있고, 투박함 속에 따뜻함이 있다. 그뿐 아니다. 전국에서 가장 넓은 울창한 소나무 숲 교정을 자랑한다. 그 숲 사이로 흘러드는 파도 소리는 늘 가슴 설레게 한다.

큰 기대와 기쁨으로 첫발을 디뎠다. 넓은 교정에 마음이 탁 트인다. 시큼한 바다 냄새가 은은히 풍겨 오고 학교를 둘러싼 높은 소나무 숲 위엔 정설보가 넘나든다.

동지역에 비해 성적은 뒤떨어지지만 체육 활동은 월등하다. 축구부, 테니스부, 복싱부, 육상부가 해마다 도내에서 탁월한 성적을 올리고 전국소년체전 등에서 강원도 종합 성적에 결정적 기여를 한다. 그래서 어떤 이들은 영동지방의 체육중학교라고 부르기도 한다.

여자 테니스는 전국 4강 안에 들고, 복싱부도 전국 대회에서 해마다 메달을 따고 있다. 축구부는 30년이 넘는 전통의 명문학교로 국가대표도 다수 배출했다. 특히 축구는 전체 지역 주민과 동문들을 하나로 묶는 강한 구심력을 지닌다.

3월 초, 업무 파악도 다 끝나지 않은 어느 월요일이었다. 축구부 감독이 교장실 문을 두드리며 들어왔다. 그동안의 축구부 실적, 선수 현황, 1년간 운영의 대충의 예산 및 경기 일정 등을 보고한다. 그리고 이번 주 금요일 저녁에 동창회와 축구부 학부모들이 예년과 마찬가지로 축구부를 위한 고사를 지내겠단다.

첫 마디에 확실히 뜻을 얘기해야 한다는 생각이 들었다. 아이들에게 미신에게 절하는 모습을 보여줄 수 없고, 학교에서 이런 고사를 지내는 것이 교육적이지 못하다. 더구나 내가 축구부를 위해 매일 기도하는데 고사는 절대 안 된다고 단호하게 잘랐다. 10년 넘게 축구부를 이끌어 온 감독이 의외의 충격을 받았는지 표정이 딱 굳었다. 멍하게 앉아 있더니 떨리는 목소리로 조심스럽게 다시 상황 설명을 한다. 내 뜻은 점점 분명해졌다.

다음 날이다. 축구부 학부모 대표와 동창회 간부들 몇 명이 찾아왔다. 30년 동안 전통적으로 고사를 지내왔고, 학교 돈은 한 푼도 쓰지 않겠단다. 야릇한 긴장감이 흘렀지만 내 결단의 목소리는 더욱 분명해졌다. 부작용에 대한 두려움이나 염려도 전혀 없었다.

어쩔 수 없다는 생각을 했는지 그들은 몇 마디 묘한 말들을 던지며 휙 나갔다. 그리고 한두 번 더 지역 인사의 타협 전화를 받았지만 한 발자국도 밀리지 않았다. 결국 축구부 창단 이래 이어졌던 고사는 폐지되었다.

강원도에는 중학교 축구부가 8개 팀이 있다. 그 8개 팀이 1년 동안 지역을 옮겨가며 연중 주말 리그전을 하여 최종 챔피언을 가린다. 그리고 각 시도의 챔피언 팀이 다시 모여 전국에서 왕중왕전을 치른다. 직전 연도의 최종 성적은 도내 8개 팀에서 종합

5위였다. 그런데 그해, 기적 같은 일이 일어났다.

3월 말부터 시작된 주말 리그에서 연속 승리가 이어졌다. 그러다 4월 마지막 주말, 강한 진눈깨비 속에 경기가 벌어졌다. 그날도 일방적으로 우세한 경기를 펼쳤다. 하지만 단 한 번의 역습에 최종 수비수가 눈에 넘어져 1:0으로 시즌 첫 패배를 했다. 그리고 6월 어느 비바람이 몹시 불던 날, 무승부로 경기를 마친 적이 있다.

두 경기를 제외하고 1년간 나머지 경기 모두 승리했다. 연간 21전 19승 1무 1패의 압도적 성적으로 도내 챔피언이 되는 전무후무한 대기록을 수립했다.

기록은 거기서 멈추지 않았다. 도지사기, 축구협회장기, 신문사 사장기 대회 등 총 5개의 도내 전 대회에서 우승기와 우승컵을 싹쓸이했다. 그리고 마지막 전국 축구 대회에서도 준우승을 하며 청소년 국가대표도 2명이나 선정되었다. 창단 이래 최고의 성적이다. 축구계가 주목하기 시작했고 각 언론사의 취재도 이어졌다.

내가 운동장에서 달린 것도, 지도한 것도 아니다. 단지 고사를 끊은 하나님의 뜻을 보여 달라는 기도에 하나님께서 응답하셨다. 몇십 년 동안 돼지머리를 놓고 귀신에게 절하던 그들에게 하나님이 살아 계심을 보여 주신 것이다.

태백에서 1년간 최종전을 마무리하던 날, 승리의 종료 휘슬이 울리자 선수들이 본부석으로 달려왔다. 운동장 가운데로 끌려간

나는 11명의 손에 의해 하늘 높이 던져졌다. 그때 퍼뜩, 교장 취임 인사를 할 때 첫 마디로 했던 성경 구절이 떠올랐다.
 '사람이 마음으로 자기의 길을 계획할지라도 그 걸음을 인도하시는 자는 여호와시니라.'

어느 선생님들의 대화

"정말 하루가 열흘 같아. 종일 학부모들 전화에 시달리니 너무 힘들어."

"다 그래. 내일은 또 어떤 학부모가 무슨 전화를 할지 걱정이야."

어느 토요일, 카페의 옆자리에서 흘러나온 선생님들의 대화다. 순간, 마음이 무너져 내리며 숨이 콱 막혔다. '교사들의 대화가 왜 이렇게 되었을까?' 지친 모습으로 학교에서 퇴근을 할 딸과 며느리의 모습이 번갈아 떠오르며 마음이 진정되지 않는다. 그리고 바로 내 지난 시간들이 스쳐 지나갔다.

내 지난 시간의 9할은 학교였다. 무려 58년 동안 교문을 드나들었다. 초등학교에서 대학까지 16년간은 학생으로, 중·고등학생들과 39년 11개월간 교단에서, 정년퇴임을 하고 2년 동안 강의실에서 대학생들을 만났다. 내 삶에 학교를 빼면 남는 것이 없다.

아내도 대학을 졸업한 다음 해부터 정년까지 학교에서 아이들과 함께 보냈다. 삼촌도, 형님도 정년퇴임을 한 후에 교단에서 내려왔다. 집안의 중등 3명, 초등 3명의 총 근무 연수를 합하면 무려 180년이나 된다.

맹자의 '인생삼락'은 너무나 유명하다. 인생에는 세 가지 즐거움이 있다. 천하의 영재를 얻어 교육하는 즐거움, 부모님이 살아계시고 형제가 무고한 것, 그리고 하늘을 우러러 한 점 부끄러움이 없이 사는 삶이 가장 가치 있고 보람 있는 삶이라고 설파했다.

교사는 보람을 먹고 산다고 말한다. 돌아보면 내가 교단에 있을 때만 해도 그랬다. 아이들과 함께 생활한 것이 정말 즐겁고 행복했던 시간이었다. 그랬던 교단이 카페에서 들은 선생님들의 대화처럼 지금 가장 힘들고 기피하는 곳으로 추락했다.

몇 년 전 모 초등학교 교사의 죽음이 사회적으로 큰 이슈가 된 적이 있다. 그때 교사들은 울부짖으며 외쳤다. 선생님들이 아이들을 지도할 수 있도록 해 달라고…. 선생님의 할 일의 전부가 학생을 지도하는 것인데 그 사랑하는 제자들을 품에 안고 소신껏 지도할 수 있게 해 달라고 외친 것이다. 이보다 더 충격적인 말이 있을 수 있는가? 그 일이 있을 때 온 국민들도 선생님들과 마음을 함께 해 주었다.

그런데 몇 년이 지난 지금, 빛 좋은 개살구였다. 본질적으로 변한 것은 거의 없고 선생님들의 고통은 계속된다. 인권의 덫이

교권을 누르며 날마다 선생님들의 가슴에 못을 박고 있다. 맹자가 말한 참된 즐거움은 부귀영화가 아니라 인간으로서의 본분을 다하여 얻는 도덕적 기쁨에 있다는 말이 코미디의 한 구절로 전락했다.

아이들과 함께 했던 지난날들이 시간이 흐를수록 그립다. 내 곁에는 따뜻한 마음들이 함께 있어 행복했다. 나보다 훨씬 덩치 큰 녀석들이 자율학습 시간에 떠들다가 엉덩이를 맞고 쉬는 시간에 교무실로 찾아와 약 발라 달라며 멋쩍게 웃던 모습을 잊을 수 없다. 수학여행 마지막 날에 신발에 치약을 발라 놓고 멀리서 바라보며 깔깔거리던 가시나이들의 해맑은 미소도 지워지지 않는다.

그때는 그랬다. 스승의 날에 운동장 가운데로 끌고 가서 헹가래를 치고, 함께 운동장에서 축구를 하고, 별이 쏟아지는 야영장에서 모닥불을 피워 놓고 같이 디스코 춤도 추었다. 그러다 억센 손아귀에 잡혀 깊은 계곡 물속에도 던져졌다. 그렇게 함께 웃었다.

칠순이 훨씬 넘은 지금도 가끔 전화가 걸려 온다. 고향에 왔는데 꼭 뵙고 가겠다고, 종합병원에서 나와 병원을 차려 개원식을 하는데 꼭 오시라고, 부장으로 승진을 했는데 함께 바닷가 횟집에 가자고, 설악산 등반을 왔는데 함께 산에 오르자고….

지난여름에는 영월에서 약국을 하는 제자가 여름철엔 특히 건강을 챙겨야 한다며 약을 한 보따리 보냈다. 이번에는 꼭 약값을 받아야 한다고 해도 막무가내다. 너무 미안하여 바닷가 해산물이라도 보내면 항상 배보다 배꼽이 더 크게 돌아온다.

  카페에서 들은 대화를 다시는 듣고 싶지 않다. 그냥 아이들이 좋아서, 아이들이 보고 싶어서 학교에 빨리 가려 하는 교사들의 밝은 모습을 다시 보고 싶다. 아침에 출근하는 딸과 며느리를 향해 '선생님!' 하며 달려와 손을 잡는 아이들의 모습을 먼발치에서 보고 싶다.

영광의 징계

 40년에 한 달이 모자라는 오랜 교단생활에 아쉬움은 많지만 후회는 없다. 마음에 걸리는 것도 없다. 몸이 힘들고 지쳤던 기억도 모두가 보람으로 쌓인다. 모든 것이 감사하다. 꿈꾸던 교사의 길로 접어든 것이 정말 잘했던 결정이었다는 생각을 다시 하게 된다.
 퇴임을 2개월 남겨둔 어느 금요일이었다. 5교시 수업 시작을 알리는 음악이 울리자 왁자하던 학교는 다시 고요 속으로 잠겨든다. 내가 마지막으로 할 수 있는 작은 일이 있을 것 같아 텅 빈 교정을 한 바퀴 돌았다. 교감 눈에는 휴지만 보이고, 교장 눈에는 건물만 보인다고 했던가? 건물과 교정의 손볼 곳이 눈에 들어온다.
 자리로 돌아와 커피를 한 잔 끓여 소파에 앉았는데 전화벨이 울렸다. 도교육청 감사담당관이라며 정중히 인사를 한다. '평소 잘 알지도 못하는 분인데 왜 내게 전화를 하지? 특별히 잘못한 것도 없는데?' 이유를 묻기도 전에 직전에 근무했던 학교에 종합 감사를 나왔는데 교장선생님께 간단히 확인할 사항이 있단다.

전의 학교가 집 근처라 퇴근할 때 잠시 들르기로 했다. 학교와 거의 붙어 있는 전국 3대 5일장터인 북평 민속장터에 가서 이것저것 먹을 것 좀 사들고 교무실 문을 열었다. 모두들 반갑게 맞았다. 오랜 여행을 마치고 다시 집으로 돌아온 것 같다.

2년 전이다. 관동중학교에 발령을 받고 한 달 정도 지난 4월 초였다. 학생부장과 2학년 부장 선생님이 노크를 하고 들어왔다. 예년과 같이 5월 말에 용평에 있는 워터파크로 2박 3일간 2학년 야영을 떠나려 한다며 서류를 펴 놓고 행사 내용과 일정을 설명했다. 장소를 얘기할 때부터 얘기가 진행될수록 마음이 점점 불편해졌다. '야영 훈련이 호화판 놀이?'

충분히 검토하고 의논했느냐는 내 목소리가 평소 같지 않았는지 약간 긴장을 한다. 학부모와 아이들이 좋아하고, 입소만 하면 거기서 완벽히 프로그램을 진행해 주어 선생님들이 신경 쓸 일이 없고 사고의 우려도 없다는 것이다. 그러면서 몇 년간 그렇게 해 왔단다.

"야영 훈련 가는 게 아닌가요? 그게 야영인가요? 교육적 효과는요?"

침묵 속에 긴장감이 흘렀다.

"하교 후 적당한 시간에 2학년 담임 회의를 소집해 주세요."

학생들이 좋아한다고 야영훈련을 교육적 고려 없이 호화판 놀이 시간으로 보낼 수는 없다. 그런 사고를 바꾸어야 한다는 생각은 시간이 흐를수록 확고해졌다.

담임들이 모였다. 여러 의견이 오갔다. 지금 바꾸기에는 시간이 너무 늦었다는 얘기가 많았다. 일부 담임들은 고개를 끄덕이며 내 뜻에 동조한다. 그렇게 야영 계획은 더 이상 반발 없이 백지 위에 다시 올려졌다.

함께 어울려 흠뻑 땀 흘리고, 친구들과 힘을 모아 문제를 해결하고, 자연을 배우며 달리고, 함께 산을 오르며 우정을 쌓을 수 있는 곳, 그런 장소를 찾기 시작했다. 너무 늦었다. 야영장은 모두 연락을 해 보았지만 오래전에 예약이 완료되었다. 가능한 곳이 한 곳 있었지만 300여 명의 인원을 수용할 수 없었다. 출구 없는 벽 앞에 마주섰다. 앞이 보이지 않는다.

그런데 이틀 후에 기적 같은 일이 일어났다. 오대산에 있는 야영장에 들어오기로 한 학교에서 갑자기 일정을 취소했다는 연락이 왔다. 날짜도, 인원도 가능하다는 전화에 바로 달려갔다. 책임자와 2시간 동안 일정을 협의하고 현장을 답사했다. 첫 번째 벽은 그렇게 허물었다.

하지만 또 하나의 벽이 기다리고 있었다. 학생들과 학부모들에게 다시 동의를 받는 것이다. 먼저 학부모 대표들을 만나 학생 야영의 교육적 의미를 강조하며 협조를 구했다. 의외로 적극 찬

성했다. 바로 학부모 안내 글을 작성하여 학부모들에게 보내 85%의 동의를 얻었다. 마지막 벽은 학생들이다. 담임들의 협조가 절대적이다. 다행히 담임들이 적극 설명하여 학생들도 80%에 이르는 동의를 받았다.

일은 순조롭게 진행되었다. 그런데 뜻하지 않은 마지막 거대한 장벽이 버티고 있었다. 행정실장이 관련 법규를 들고 들어와 행사 총액이 많아 수의 계약을 할 수 없다고 했다.

"돈 떼먹는 것도 아니고, 오직 아이들을 위한 일인데 뭐가 문제야? 징계를 받아도 내가 받을 테니 그대로 추진하세요."

내 목소리는 단호했다. '교육적으로 학생을 위한 것이 무엇인가? 야영의 본질의 본질이 무엇인가?' 장소도 한 곳밖에 없고 시간도 촉박하여 공개 입찰도 할 수도 없다. 다른 선택의 여지가 없었다. 행정실장의 의견을 무시하고 계약을 체결했다.

그렇게 시행된 야영 훈련. 그런데 뜻하지 않는 일이 또 일어났다. 첫날 일정이 별로 힘들지 않았는데 코피를 흘린 학생이 3~4명 나왔다. 그중 한 학생은 코피가 멈추지 않아 급히 병원으로 후송되기도 했다. 얼마나 온실에서 자랐으면 저렇게 나약할까 하는 생각에 한숨이 나왔다. 그뿐 아니다. 배 아프고, 머리 아프다는 학생, 근육통이 일어나고 온몸에 힘이 하나도 없다는 학생, 잠자리가 불편하다, 추워서 못 자겠다, 벌레 소리가 시끄럽다 등등 사연도 많다.

"교장 선생님. 너무 잘 하셨어요. 정말 바람직한 야영을 하셨어요. 하지만, 예산과 결부되는 법규상의 문제라 징계는 어쩔 수 없습니다. 죄송합니다."

"알아주셔서 감사합니다. 당연히 제가 책임을 져야지요. 행정실장과 교감 선생님은 괜찮지요? 교장의 일방적 결정이니까요. 저만 징계해 주세요."

"돌아가서 교장 선생님의 뜻을 윗분들에게 잘 말씀드릴게요. 그래도 가벼운 징계는 받을 거라 생각하세요."

정년퇴임 2주 정도 남긴 내 앞에 도착한 징계는 '주의'였다.

"교장 선생님. 40년 교단생활에 첫 징계인데 정년퇴임 직전에 받게 해서 정말 죄송합니다. 상징적 의미밖에 없으니 그냥 찢어 버리십시오. 교장 선생님! 그 교육적 열정에 감사드립니다. 그동안 수고하셨습니다."

"예. 장학관님! 저에겐 영광의 퇴임 선물입니다."

지금 그들은

첫눈을 기다리는 아이처럼 가슴이 설렌다. 승진을 하고 두 번째로 옮긴 학교의 첫 출근이자 입학식 날이다. 집에서 눈만 돌리면 바로 보이는 걸어서 10분도 안 되는 거리의 언덕 위에 있는 학교다.

일찍 출근하여 커튼을 열었다. 건너편에 우리 아파트와 내 방도 보인다. 백두대간과 대관령의 아침 기운이 한 폭의 동양화처럼 펼쳐져 있다. 마음이 편안하고 따뜻해진다.

커피를 끓여 들고 창가에 섰다. 듬성듬성 교문을 들어오던 아이들의 숫자가 하나둘 늘어난다. 때 묻지 않은 얼굴들이 유난히 환하다. 마무리를 향하는 교단생활에서 저 아이들을 위해 무엇을 해야 할지 하나하나 떠올려 본다.

40여 분 간의 입학식 행사를 마치고 학급별 오리엔테이션과 담임과의 대화 시간이 시작되었다. 내빈 몇 분과 교장실로 돌아와 차 한 잔을 나누었다. 각 교실에서 울려 퍼지는 환호와 박수 소리가 온 교정에 번진다. 겨우내 잠자던 학교가 깨어난 개구리 떼 합창 같다.

첫날이라 오전 일정으로 일과를 마무리했다. 청소가 시작되자 남학생 3명이 노크를 하고 들어왔다. 바로 옆 3학년 8반에서 온 1년간 교장실 청소 당번들이란다.

"그래. 반갑다. 일단 여기 좀 앉아."

어설픈 자세로 서 있는 아이들을 소파에 앉혔다. 함께 들어온 남임 선생님은 학급에서 가장 모범직인 학생들이라며 칭찬을 한다. 냉장고에서 음료수 한 병씩 꺼내 뚜껑을 열어 건넸더니 두 손으로 공손히 받으며 고개를 숙인다. 반듯하게 잘 자란 아이들이다.

"자. 청소는 내가 아침에 와서 다 했어. 오늘은 얘기나 좀 하자."

처음에는 긴장하던 아이들이 조금씩 마음을 놓는다. 학교생활이 재미있느냐니까 모두들 별문제 없이 즐겁단다.

"그래, 공부도, 운동도 열심히 해야지? 다 때가 있거든. 꿈을 크게 가지고."

"예."

"참, 누가 저기 쓰레기통 버리고 올래?"

"제가 버리고 오겠습니다."

대현이란 학생이 쓰레기통을 들고 나갔다. 다른 두 명과 이런

저런 이야기를 더 나누었다. 너희들이 원하는 꼭 필요한 것이 있느냐니까 교정의 나무 밑에 의자를 더 많이 놓아 주었으면 좋겠단다. 그렇게 하겠다고 약속을 했다. 그때, 대현이가 들어왔다.

"수고했어. 그런데 왜 빈손으로 와? 쓰레기통은?"

"버렸는데요?"

"뭐?"

갑자기 말문이 막혔다. 한 녀석이 킥킥거리며 웃는다. 그래도 대현이는 멀뚱히 서 있다. 순간, 내가 말을 잘못했다는 생각이 퍼뜩 들었다. '이럴 때 내가 무슨 말을 어떻게 해야 하지?' 애써 아무렇지 않은 표정으로 다시 소파에 앉히고 눈치를 슬쩍 살폈다.

"대현아. 내가 잘못 말했네. 그런데 너 아침에 밥 먹고 왔어?"

"예."

"늦잠 자는데 엄마가 깨워서 겨우 밥 먹고 급히 학교 왔지?"

"⋯⋯예."

"엄마가 밥 먹으라고 할 때 너는 반찬은 안 먹고 밥만 먹었어?"

멋쩍게 웃는 웃음 뒤에 속상함이 묻어난다. 머리를 긁적이며 바로 쓰레기통을 찾아오겠다며 일어섰다.

"잠깐. 대현아. 속상해 하지 마. 네 잘못이 아니야. 누구나 그럴 수 있어."

나가는 대현의 두 손을 꼭 잡아 주었다. 대현이의 얼굴이 환해졌다.

곳곳에서 선생님들과 학생들이 마무리 청소에 열중이다. 학교를 한 바퀴 돌아보려고 계단으로 내려갔다. 저쯤에서 아직 교복을 입지 않은 신입생이 '선생님' 하며 다가왔다. 아직 초등학교의 풋풋함이 가시지 않은 귀엽게 생긴 녀석이다.

"선생님. 이 신발 끈 좀 묶어 주세요."

왼쪽 운동화 끈이 풀어져 있었다. 순간 생각이 복잡해졌다. '이때, 내가 어떻게 해야 하지? 무슨 말을 하고 어떻게 하는 것이 아이를 위한 일일까? 묶어 주어야 하나, 말아야 하나? 묶어 주지 않는다면 마음의 상처를 받지 않을까?' 짧은 시간에 생각이 실타래처럼 엉켰다.

"그래? 선생님이 묶어 줄 수 있지. 그런데 네 스스로 먼저 해 보는 것은 어때?"

"저는 이런 것 못해요. 한 번도 안 해 봤어요."

"그래도 해 봐. 아주 쉬워. 오른쪽 신발을 보고 똑같이 하면 돼. 잘 할 수 있을거야. 오늘부터 중학생이 되었잖아."

녀석은 나와 신발을 번갈아 바라보았다. 결국 내가 도와주지 않을 거라고 생각했는지 잠시 후에 '예' 하며 왼쪽 발을 계단에 올려놓고 열심히 풀고 묶기 시작했다. 손놀림이 참 어설프다. 고개를 갸웃거리며 몇 번 다시 시도한다. 문득 내가 보는 것을 부담스럽게 느낄 수 있다는 생각이 들어 발길을 옮겼다. 그리고 잠시 후 뒤돌아보았다. 그 자리에는 아무도 없었다.

40년 동안 아이들과 함께 있다가 떠난 빈자리가 참 크다. 재잘거리는 아이들의 모습들이 새록새록 스친다. 마음이 답답할 때는 그 어느 날의 아이들과의 추억을 떠올린다. 순수했던 얼굴들에 굳었던 마음이 이내 녹는다.

오늘도 강릉 커피거리의 그 찻집 그 자리에 앉아 노트북을 폈다. 그리고 시선은 버릇처럼 바다를 향한다. 어느새 백사장 위엔 갈매기 떼들이 피서객을 밀어냈다.

청년들 몇 명이 바닷가로 달려간다. 그리고 갑자기 한 친구를 붙잡아 파도 위로 던진다. 초가을 쌀쌀한 날씨인데 너무 심하다. 하지만 그래서 젊음이 멋있다는 생각이 든다. 갑자기 20년 전, 이맘때쯤의 어느 여름날의 기억이 오버랩 되어 스쳤다.

고등학교 2학년 담임을 할 때였다. 12학급 전원이 오대산으로 2박 3일 야영을 떠났다. 둘째 날 오후, 덩치 큰 아이들이 도망가는 담임을 차례대로 붙잡아 계곡 웅덩이에 던졌다. 열심히 도망을 갔지만 나 역시 그들의 걸음과 손아귀를 벗어날 수 없었다. 진짜 귀에 염증이 있다고 소리쳤지만 아이들에겐 듣는 귀가 없었다. 어쩔 수 없이 2미터 정도의 바위 위에서 웅덩이 속으로 던져졌다. 그 일로 좋아지던 중이염이 심해져 몇 달간 고생을 더 했다.

사정없이 물에 던지던 억센 녀석들이 무척 그립다. 때로는 힘들었지만 내 시간 속에 그들이 있었다는 사실이 자랑스럽고 행복하다.

지금 그들은 어디에 어떤 모습으로 서 있을까? 사회 초년생으로 멋진 직장인이 된 대현이는 근무하는 사무실의 쓰레기통을 볼 때마다 그날을 생각하며 웃겠지? 운동화 끈을 묶어 달라던 귀여운 녀석은 그날 스스로 성공한 기쁨을 누렸겠지? 그리고 지금쯤 씩씩한 군인이 되어 능숙하게 자신의 군화를 묶고 있겠지?

3

사랑의 그늘

고무신의 추억

작은 아이가 초등학교에 다닐 때 신었던 운동화는 걸을 때마다 뒤축에서 불이 반짝였다. 아래층 꼬마 신발에선 경쾌한 음악 소리가 난다. 뒤축에 바퀴 달린 운동화가 유행했을 때, 엔진 달린 신발도 곧 나올 것이라고 했던 말이 생각난다.

60년대까지만 해도 신발 하면 으레 고무신이었다. 나도 땅 위에 첫발을 내디딜 때부터 초등학교 졸업할 때까지 고무신을 벗은 적이 없다. 아침에는 보리밥, 저녁에는 죽이나 손칼국수를 먹고 겨울엔 점심 없이 하루를 견디던 시절이라 운동화는 시골 아이들의 신발이 아니었다.

어머님은 5일장이 돌아오면 호박 몇 개, 감자 서너 되, 자두 두어 접, 그리고 또 무엇 얼마쯤을 양은 대야에 이고 시장에 가셨다. 팔 농산물이 많은 날은 아버지께서 지게나 리어카로 운반해 주셨고 나도 도왔다.

한나절쯤 되어 다 팔면 등잔불을 밝힐 석유 한 병, 조미료 한 봉지, 빨랫비누 두어 개, 어린 동생들에게 줄 찐빵 몇 개를 산다. 그리고 오랜만에 찢어진 내 검정 고무신도 새로 사 오셨다.

 그날의 기쁨을 잊을 수 없다. 헌 고무신을 헌신짝처럼 버리고 새 고무신을 끌어안은 채 잠이 들었다. 다음 날은 어느 때보다 일찍 새 고무신을 신고 학교로 향했다.

 그런데 얼마쯤 걸으면 뒤꿈치가 아프고 쓰려 온다. 흔히 말하는 새 신이 뒤꿈치를 깨무는 것이다. 오래 신으라고 조금 헐렁한 것을 샀는데도 새 고무신은 늘 그렇게 맨발을 괴롭힌다. 뒤꿈치가 빨개지고 이내 물집이 잡힌다.

 더 이상 신고 걸을 수 없어 길가에 앉아 가칠가칠한 돌로 신발 뒤꿈치를 갈아 낸다. 그래도 마찬가지다. 질경이 잎이나 감나무 잎을 따서 뒤꿈치에 끼우고 걸어 본다. 잠시 괜찮다. 하지만 몇 발자국 걷기도 전에 잎이 밖으로 빠져나오거나 발바닥으로 밀려 들어간다.

 어쩔 수 없다. 고무신을 양손에 들고 맨발로 걷기 시작한다. 그러다 사람이 많이 다니는 큰길로 접어들거나 학교가 가까워지면 아픔을 참고 다시 신고 걷는다. 물집이 터지면 바늘로 찌르듯 아리다. 이렇게 며칠 고생을 해야 편안한 내 신발이 된다.

 여름철은 등·하굣길에 자주 비를 만난다. 내가 다녔던 학교 길은 유난히 붉은 진흙길이었다. 가파른 '목재'도 넘어야 한다. 빗길을 걷다 보면 진흙이 신발 속으로 들어간다. 그때부터 발과 신발은 제멋대로다. 걸을 때마다 벗어져 더 이상 걸을 수 없다. 어쩔 수 없이 비닐을 뒤집어쓰고 신발을 양손에 든 채 쏟아지는 빗속을 달린다.

맨발로 경사진 언덕을 넘다 보면 몇 번 엉덩방아를 찧는다. 엉덩이가 진흙으로 시뻘겋게 물든다. 잔디밭에 진흙 묻은 엉덩이를 대고 앞뒤로 움직이며 진흙 덩어리를 닦아 낸다. 흙덩이는 떨어지지만 바지에 붉은색은 더 번진다. 그렇게 도랑까지 열심히 달려 흐르는 물 위에 걸터앉아 엉덩이를 대충 씻고 고무신도 씻는다. 온몸이 떨리고 직직해 온다.

그 시절 시골에는 장난감도 놀이 시설도 전혀 없었다. 주로 마당이나 공터에서 딱지치기, 자치기, 비석치기, 땅 따먹기, 연날리기, 제기차기 등을 하며 놀았다. 재미도 있고 돈도 들지 않는다. 함께 웃을 수 있는 친구들이 곁에 있어 더욱 좋다.

고무신은 정말 좋은 장난감이다. 모래 있는 곳은 자동차 놀이에 가장 좋은 장소다. 우선 차가 다닐 좁고, 꼬불꼬불한 길부터 닦는다. 한 손을 땅바닥에 놓고 축축한 흙을 덮고 다른 손으로 두드려 다진 후 천천히 손을 뺀다. 그리고 조심스럽게 바닥을 파내어 터널을 만든다. 아무리 정성을 다해도 터널은 얼마 후 십중팔구 무너진다. 그러면 재시공이다. 그것도 실패하면 납작한 돌로 다릿발을 세우고 넓적한 돌이나 나뭇가지를 덮고 흙을 덮어 마무리한다. 터널을 만들고 나면 언덕도 여러 개 만들고 다리도 놓는다. 터널과 다리 공사가 마무리되면 바로 개통이다.

이젠 차를 만들 차례다. 차 만들기는 아주 간단하고 쉽다. 고무신 하나를 접어서 다른 쪽 신발 앞쪽 부분에 끼워 넣기만 하면 된다. 뒤편 공간에는 나무 조각도 싣고, 도토리도 몇 개 따서 싣고, 우리들의 꿈도 가득 싣는다. 다리 위를 달리고 터널 속도 지난다. 그렇게 땅거미가 내릴 때까지 고무신 자동차는 쉼 없이 우리들의 꿈과 우정을 싣고 달렸다.

고무신과 관련된 또 하나의 잊을 수 없는 추억이 있다. 호박벌을 잡는 데는 고무신이 제격이다. 시골의 여름철은 온통 호박넝쿨이다. 길 옆, 밭둑은 물론이고 조그만 공터만 있으면 어른들은 어디에나 호박씨를 뿌렸다.

노란 호박꽃이 피면 어디서 몰려오는지 시커멓고 살이 통통히 찐 큰 호박벌이 엉덩이를 들고 꽃송이마다 머리를 박는다. 그리고 한참 꿀을 빨다가 뒷걸음쳐 밖으로 나온다. 바로 그때다. 고무신을 벗어 잽싸게 벌을 고무신 앞쪽 코 안에 때리듯이 퍼 담는다. 그리고 휘휘 몇 바퀴 돌려 땅바닥에 힘차게 메어친다. 대개 벌은 완전히 죽지 않고 빈사지경에 이른다. 그걸로 끝이 아니다.

벌을 잡는 목적은 이제부터다. 반쯤 죽은 벌을 돌이나 감나무 잎 위에 올려놓고 가느다란 나뭇가지로 엉덩이 부분을 살짝 누르면 이놈이 최후의 발악을 하며 가늘고 긴 침을 뺀다. 그걸 살짝 뽑아 낸 다음 꽁무니 부분을 약간 잘라 내고 입술로 빤다. 무척 달콤하다. 그 맛이 정말 꿀맛이다. 사실은 그 꿀맛보다 벌을 잡는 재미가 더 꿀맛이다. 어쩌다 실수로 벌에 쏘이기도 하지만 그래도 우리는 고무신이 있어 행복했다.

학교에서 남자 아이들은 주로 운동장에서 공을 찬다. 워낙 시골이라 공이 있을 리 없다. 비닐이나 밀짚을 모아 동그랗게 뭉치고 가느다란 노끈으로 촘촘히 엮어 공을 만든다. 10원만 주면 지금의 핸드볼 공보다 약간 작은 고무공을 살 수 있었지만 공을 사라고 10원을 줄 부모님도 없었고, 아이들도 사 달라 조르지 않았다.

5월이 되어 교내 체육대회 때 마을 대항 축구경기를 한다. 축구의 우승 상품은 대회에 사용한 공이다. 그 공을 상품으로 받기 위해 마을별로 아이들은 매일 아침과 저녁에 연습을 했다. 인원도 조금 많고 키가 크고 나이가 세 살 위인 형 같은 친구가 있어 거의 해마다 우리 동네가 우승을 했다.

꿈에 그리던 고무공을 상으로 받는 날부터 세상은 온통 우리들 것이다. 어두워져도, 삼복더위나 엄동설한도 아랑곳없다. 공이 찢어져 사용 못할 때까지 우리는 달리고 또 달렸다. 봄에서 가을까지는 마을 회관 앞 공터, 겨울철은 넓은 논바닥이 주경기장이다. 물론 신발은 고무신이다. 힘껏 슛을 하면 고무신이 공보다 더 멀리 날아간다. 그래서 늘 비닐이나 새끼줄로 신발을 꽁꽁 묶는다. 공이 제대로 발에 맞을 리 없다. 어쩌다 운동화라도 신은 아이가 오면 그날은 스타 플레이어가 된다.

고무신은 여름에는 정말 편리한 신발이다. 값도 싸고, 운동화

보다 신고 벗기가 쉽다. 흙이 묻어도 씻기가 쉽고 미끄러지거나 넘어지지 않는다. 비에 젖어도 걱정이 없다. 하지만 겨울이 늘 문제. 뒤꿈치를 여러 번 꿰맨 양말을 두 개씩 신어도 발이 시려 견딜 수 없다. 눈이 많이 쌓인 날은 더욱 고통스럽다. 그래도 아무도 불평하지 않았다.

 딸아이가 아장아장 걸을 때, 시장 구경을 자주 갔었다. 어느 날 신발가게 앞을 지나다 우연히 맨 앞줄에 진열되어 있는 조그맣고 귀여운 흰 고무신을 발견했다. 설레는 마음으로 운동화를 벗기고 신겨 보니 너무 예뻤다. 흥정도 없이 바로 사 신겼다. 꼭 맞는다. 지나가던 사람들의 시선이 아이의 발로 향했다. '와! 저 꼬마 고무신 좀 봐!' '어머! 너무 귀여워!' 하며 한마디씩 한다. 가게 앞에 앉았던 아주머니도 한마디 하고, 여학생들도 걸음을 멈추고 깔깔거린다.
 둘째 아이 때는 일부러 사서 신겼다. 어릴 때 몇 년간 우리 두 아이들은 늦은 봄에서 이른 가을까지 고무신을 즐겨 신었다. '귀엽다' '예쁘다' 하며 모두들 한마디씩 하는 말에 아이들도 무척 좋아했다. 나는 어렸을 때 그렇게 신기 싫었는데….
 그 옛날 신었던 고무신이 무척 그립다. 고무신 생각만 하면 죽마고우들의 그리운 모습들이 모래 언덕에, 마을 회관에 모여든다. 미끄럽던 '목재'도 보이고, 잘 닦아 놓은 모래 언덕 찻길도 보이고, 밤새 촘촘히 엮었던 그 밀짚 공도 아른거린다.

그렇게 신고 싶은 운동화 한 켤레 사 달라 하지 못하고 찢어진 고무신을 꿰매 달라고 어머니께 내밀던 그 시절이 오늘 문득 그리워진다.

내가 좋아하는 숫자

민족마다 좋아하고 싫어하는 숫자가 있다. 한국인은 행운의 숫자인 7을 가장 좋아하고, 다음으로 3과 1을 좋아한다. 그에 반해 4동이 없는 아파트가 많고, 4층을 F층이라고 표시하는 등 4라는 숫자는 금기시한다. 죽을 '사(死)'와 동음에서 비롯된 정서다.

미국인도 행운의 숫자 7을 좋아하고 13은 기피한다. 중국인은 8과 6을 좋아하고 4와 7을 싫어한다. 일본인은 5와 8을 좋아하고 4와 9를 꺼린다. 모두 나름대로 이런저런 사연과 그럴 듯한 이유가 있다.

개인의 경우도 마찬가지다. 각자 좋아하고 싫어하는 숫자가 있다. 나는 2를 가장 좋아한다. 언제부터인지 모른다. 그냥 그렇게 되었다. 돌아보면 어려서부터 2라는 숫자와 유난히 인연이 많았던 것이 이유라면 이유다.

시골 초등학교에 들어가 첫 운동회를 했다. 4명이 달려 2등을 했다. 2학년 때도 4학년 때도 역시 2등을 했다. 그것만이 아니다. 학교에서 무슨 대회를 개최했을 때마다 주로 2등을 했다. 1등은 교내 글짓기 대회 때의 기억밖에 없다. 무엇을 해도 같은 반에 있었던 한 살 위인 사촌의 벽을 도저히 넘을 수 없었다. 어쩌다 게임을 하거나 숫자를 선택해야 할 때도 늘 2를 선택하기 시작했고, 지금도 대체로 그런 편이다. 그렇게 2는 늘 내 곁에 있다.

중학교에 입학하면서 다른 초등학교를 졸업한 친구들이 나를 둘째 자리에서 밀어냈다. 어쩌다 '이번에는 혹시?' 할 때도 내가 올랐던 최고의 자리는 역시 두 번째였다.

중학교를 졸업하고 나는 강릉으로, 사촌은 서울로 진학을 했다. 고등학교에 진학하자 2등 자리는 더 까마득하게 멀어졌다. 전깃불도 들어오지 않는 곳에서 자란 촌놈인 나와 차원이 다른 시내 출신 친구들 사이의 벽은 너무 높았다. 감히 넘볼 수 없는 높고 높은 성벽이었다.

그러다 고등학교 3학년 때, 기막힌 일이 일어났다. 대입모의고사 수학 과목에서 교내 인문계 130여 명 중에서 1등을 한 것이다. 전 과목 중 수학을 가장 싫어하는 데다가 수업조차 제대로 따라가지 못해 뒤에서부터 성적을 찾는 것이 빨랐던 나의 수학 1등은 겨울날 명동거리에서 방울뱀에 물리는 것 같은 일이었다.

내가 다닌 고등학교는 도내 최고의 명문고였다. 시골 중학교에서 6명이 응시하여 3명이 합격을 했지만 졸업은 나 혼자 했다. 부모님이 시골에서 농사를 짓고 있어 과외 수업은 다른 세상 이야기였고, 다른 친구들이 도서관에 가는 주말에도 밭에서 땀을 흘렸다. 그래도 국어는 재미있었고 성적도 좋았다. 하지만 수학은 저 아래 부분, 나머지 과목의 점수는 여기저기 흩어져 있었다.

당시에 국내 최고의 학원으로 종로학원과 대성학원이 있었다. 주로 두 학원에서 모의고사 문제를 입수하여 분기별로 학교에서 실시했다. 그날 시험도 예비고사와 똑같이 수학은 객관식 25문항으로 대성학원 모의고사 문제였다. 1교시 국어는 난해한 문제가 좀 있었지만 무난히 풀었다. 2교시가 시작되었다. 내 앞에 놓인 수학 시험지는 평소처럼 캄캄했다.

앞부분의 비교적 쉬운 5~6문제는 어찌어찌 내 능력으로 풀었다. 하지만 그다음부터는 나와 전혀 관계없는 문제였다. 멍하게 한참 시험지만 들여다보다가 마음에 들고 정답일 것 같은 번호를 이것저것 골라 찍어 내려갔다. 다른 때와 같이 내겐 난이도가 비슷했지만 상위 그룹 친구들은 너무 어려웠다고 불만을 터트렸다. '나는 문제가 어려울수록 좋은데.' 하며 피식 웃음이 나왔다.

그런데 기적 같은 일이 일어났다. 편안한 마음으로 여기저기 찍었는데 18문제를 적중시킨 것이다. 그 점수가 바로 전교 인문계 130여 명 중에서 1등이었다.

개가 사람을 물면 얘깃거리가 되지 않지만, 사람이 개를 물면 떠들썩해지듯 소문은 빅뉴스로 교내에 번졌다. 한마디씩 하는 친구들의 야릇한 칭찬에 그냥 멋쩍게 웃어넘겼지만 내겐 치욕의 1등이었다. 역시 1은 내겐 어울리지 않는 숫자였다.

    50대 초반에 교감 자격 연수를 받았다. 연수 성적은 교감 발령과 교장 승진에 결정적인 영향을 미친다. 그러다 보니 보이지 않게 경쟁이 치열하다. 전문직을 포함하여 총 75명이 4주간 강습을 받으며 논술, 객관식 문제 등 3차에 걸쳐 시험을 보았다.

    마지막 수료식 날, 첫 번째 순서로 성적 우수자 2명에게 시상했다. 그런데 사회자가 갑자기 내 이름을 부르는 것이 아닌가? 논술에서는 가장 높은 점수가 나올 수도 있었겠지만 마음 먹고 준비한 것도 아닌데 종합 점수에서 상상하지 못했던 결과로 표창장을 받은 것이다.

    얼마 후, 성적이 공문으로 날아왔다. 공동 1등인 줄 알았는데 99점으로 2등이었다. 각자 얻은 점수와 관계없이 총점을 순서대로 세워 100점 1명, 2등 99점 1명, 3, 4등은 98점으로 2명 등으로 가운데 90점에 인원이 가장 많고 양쪽 끝부분은 인원을 적게 배정하여 80점까지 75명을 채웠다. 역시 내 최고의 자리는 2등이었다.

    시골에서 둘째 아들로 태어났다. 당시로는 좀 늦은 나이인 서른세 살에 결혼을 하고 두 아이를 낳았다. 잘 자라 준 딸과 아들은 집을 떠나 자신들이 꿈꾸던 직장에서 열심히 근무하고 집에는 둘만 남았다. 마음 바쁜 일도, 바빠야 할 일도 없다. 바닷가 카페 창가에서 책을 읽고, 배낭을 메고 산에 오르고, 자전거를 타고 바닷가를 달린다. 저녁에 아파트 헬스장에 가는 시간까지 너무 여유롭고 좋다.

늘 그래왔듯이 오늘도 점심 때 아내와 가볍게 외식을 하고 바닷가 카페에 마주 앉았다. 커피 향이 유난히 향긋하다. 두근거리는 마음으로 만나 결혼을 한 지 벌써 40년이 되었다. 책을 읽는 아내의 모습을 물끄러미 바라본다. 그 오랜 시간 동안 말없이 어깨를 기대며 따라와 준 아내가 무척 고맙다.

창밖으로 고개를 돌린다. 넓은 백사장에 많은 사람들이 시큼한 바닷바람에 취해 있다. 어깨를 감싸고 걷는 젊은 연인 한 쌍이 눈에 들어온다. 너무 행복한 모습이다. 마주 앉아 커피를 마시는 우리처럼, 백사장을 걷는 저 많은 연인들처럼, 세상은 혼자가 아니라 둘이서 더욱 아름답다.

누이

노래방의 기억이 까마득하다. 초등학교 동창회를 마치고 갔던 것도 벌써 몇 년이 지났다. 노래를 잘 부르는 것도 아니고, 유행하는 노래는 더욱 모르니 내 자리는 늘 구석 자리다. 그래도 돌아가는 순서는 피할 수 없다. 제목 실린 책자가 내 손에 들리면 망설이지 않고 찾는 번호가 있다. 설운도의 '누이'다.

언젠가부터 어쩌다 배웠다. 리듬과 가사가 좋고, 박자 맞추기도 쉽고, 노래방 분위기에도 잘 어울려 한두 번 불러 보았던 것이 어느새 18번이 되었다.

언제나 내겐 오랜 친구 같은 사랑스런 누이가 있어요.
보면 볼수록 매력이 넘치는 내가 제일 좋아하는 누이.
마음이 외로워 하소연 할 때도 사랑으로 내게 다가와
예쁜 미소로 예쁜 마음으로 내 마음을 달래주던 누이.
나의 가슴에 그대 향한 마음은 언제나 사랑하고 있어요.

며칠 전, 문득 누님이 생각나 전화를 드렸다. 언제나 변함없는 따뜻한 목소리가 오랜 친구 같다. 승용차로 30분이면 가는 동해에 홀로 계시는 누님은 며칠만 지나면 별일 없냐며 전화를 하신다. 김치가 떨어질 때가 되지 않았느냐며 깍두기를 해 놓았으니 가지고 가란다. 용무는 늘 그렇다.

며칠 전, 새벽시장에 가서 무를 사서 싣고 아내와 다녀왔다. 우리 부부가 먹을 것만 아니라 딸 가족 김치까지 서너 통 차에 실어 주셨다. 차가 떠나려고 할 때 다시 불러 세웠다. 냉장고를 열어 이런저런 반찬도 몇 통 담아 주셨다. 혼자 있으니 거의 먹지 않는단다. 같이 늙어 가는 70대인데도 누님 눈엔 늘 어린 동생이다.

그런 누님이 얼마 전에 남편을 먼저 보냈다. 70대 초반에 갑자기 뇌졸중으로 쓰러진 매형은 마지막 날까지 일어서지 못하고 한자리에 누워 10년을 지냈다. 그 오랜 시간을 혼자 간병을 했다. 침대에서 가슴으로 끌어안아 휠체어에 앉히고 목욕도 거르지 않고 시켰다. 인근 병원에 갈 때도 꼭 전화하라고 해도 혼자 모시고 다닌다. 30분 차를 타고 나오게 하지 않는다.

오랜 시간 힘든 간병에도 얼굴 한 번 찡그리지 않았다. 몇 주간 입원을 할 때도 침대 옆 긴 의자에서 퇴원할 때까지 한순간도 자리를 떠나지 않으셨다. 늘 그렇게 사셨다.

다행히 경제적 어려움은 별로 없다. 주위에서는 그러다가 오히려 병난다고 간병인을 쓰라고 권해도 '아무리 잘 하는 분이 돌본다고 해도 나만큼 하겠어요?' 하며 씩 웃어넘긴다. 친구들이 단풍구경을 떠나고 가까운 바닷가에 커피 마시려 나가도 부러워하거나 불평 한마디 없다.

'어떻게 10년간 한자리에 누워 있었는데도 욕창 한 번 나지 않았느냐? 방 안에 환자 냄새가 전혀 나지 않느냐?'고 주위 사람들이 칭찬해도 오히려 무슨 특별한 일을 하느냐며 겸손해 하신다. 누님에겐 그 정성이 대단하지도, 특별하지도 않다.

요양보호사도 극구 사양이다. 아직 내가 할 수 있는데 다른 사람의 손에 맡길 수 없단다. 동네 사람들이 사임당상이나 열녀상을 받아야 한다고 해도 누구나 하는 일인데 무슨 소리냐며 씩 웃어넘긴다.

4남 1녀의 둘째인 누이는 나보다 6살 위다. 어려서부터 농사일에 바쁜 부모님을 대신하여 어머니보다 훨씬 더 알뜰살뜰 나와 두 동생을 보살폈다. 팔순이 된 지금까지 그때 그 마음과 사랑은 조금도 식지 않는다.

해마다 11월이 되면 금년에는 언제 김장하겠느냐며 전화를 하신다. 아내가 평생 학교에만 있어 혼자 김장 담그기의 어려움을 잘 아는 누님의 배려는 어머님과 장모님이 돌아가신 다음 해부터 시작되었다.

여름부터 고추, 마늘 등 각종 김장 재료를 고향 마을 분에게 주문하여 준비해 놓고 우리는 배추와 무만 사서 차에 싣고 가면 된다. 시키는 대로 돕기만 하는데도 저녁때가 되면 온몸이 쑤시고 아프다. 하지만 누님은 흐트러짐 없다.

시집간 우리 딸 가족의 김장까지 차에 가득 싣고 양념 준비에 들어간 경비를 드린다. 밀고 당기고 하다가 결국 받으신다. 김장에 들어간 양념값만 드렸는데도 그다음 날부터 누님의 사랑은 다시 시작된다. '오징어 반찬 만들어 놓았으니 가지고 가라, 마당에 열무를 뽑아 김치 담갔으니 나오너라.'며 수시로 전화를 하신다.

누님의 부지런은 소문이 나 있다. 잠시도 앉지 않으신다. 두 아들도 훌륭히 키웠다. 큰아들은 행정고시에 단번에 패스하여 지금 중앙 부서의 국장으로 근무하고, 둘째는 대기업의 부장으로 일한다.

경제적 어려움이 전혀 없는데도 수입도 거의 없는 조그만 구멍가게를 계속 운영하신다. 이제 그만두라고 해도 아직은 그럴 수 없단다. 목적이 분명하다. 가게를 그만두면 사람이 게을러지고, 동네 사람들을 만날 기회가 줄어든다는 것이다. 건강을 위해서도 움직여야 한다는 그 지혜에 고개가 끄덕여진다.

누님은 화단에 꽃나무와 화초 가꾸기를 무척 좋아한다. 보통 좋아하는 수준이 아니다. 20여 평 되는 마당은 1년 내내 화원이다. 봄부터 복수초, 진달래, 할미꽃, 매발톱 등등 1년 동안 온 집안은 꽃향기로 가득하다. 수많은 꽃에서 번지는 향기는 담을 넘어 마을까지 덮는다. 길 가던 사람들도 발길을 멈춘다. 화단에까지 들어와 사진을 찍는다. 화단만 가꾸는 것이 아니다. 화단 옆 두어 평 되는 공간에는 월동추, 열무, 상추, 배추, 강낭콩 등을 계절마다 바꿔 심으신다.

아들과 며느리들도 효자, 효녀들이다. 아무리 바빠도 어머니를 뵈러 먼 길을 자주 달려온다. 필요한 것이 무엇인지 늘 살피고 용돈도 넉넉히 드린다. 며칠에 한 번 안부 전화도 잊지 않는다. 삼촌이 어머니께 자주 들르고 보호자 역할을 해 주셔서 고맙다며 명절이 되면 잊지 않고 내게 선물도 보낸다.

며칠 전 오랜만에 편안한 마음으로 누님과 식사를 했다. 혼자 계시는 것이 허전하지 않느냐니까 바쁘게 움직이고 주위 분들과 늘 만나니까 아직은 문제없단다. 하지만 내 눈에 누님은 많이 달라졌다. 머리에, 얼굴에 세월이 많이 묻었다. 자잘한 이유로 병원에도 자주 드나드신다. 그래도 마음과 몸에 심각한 문제가 없어 아직은 마음이 놓인다.

지난 햇빛 따사롭던 가을날, 누님을 모시고 꽃 축제장, 엑스포장, 바닷가로 드라이브 겸 하루 여행을 다녀왔다. 찬바람이 불기 전에 좀 더 멀고 멋진 길을 떠나야겠다. 언제나 친구 같은 누님과 어린 날의 추억을 더듬으며 실컷 웃고 싶다.

사라진 마을

 공상만화가 아니다. 공포의 재난 영화의 한 장면도 아니다. 평화롭던 마을이 한순간에 사라졌다. 어이없는 블랙스완 현상이 내 앞에서 일어났다. 세상을 처음 볼 때부터 지금까지 나를 포근히 안아 주었던 동화 같던 고향 마을이 하룻밤 사이에 잿더미 속으로 사라졌다.
 2019년 4월 3일, 그날은 온 나라가 고성의 산불로 술렁였다. 그리고 바로 다음 날 밤, 강릉 옥계의 이웃 마을에서 난 산불이 삽시간에 우리 동네를 휩쓸었다. TV의 전 채널은 고성과 강릉을 넘나들며 강풍에 날아다니는 불꽃, 쓰나미처럼 번지는 불길, 하늘을 뚫는 검은 연기로 뒤덮였다.
 새벽에 전화 소리에 일어나 급히 형님을 모시고 고속도로에 들어섰다. 전국에서 몰려온 소방차, 경찰버스, 군인을 태운 버스 행렬에 20km나 되는 고속도로는 이미 주차장이 되었다. 이웃

경기, 경북, 충북에서도 밤새 소방차가 달려왔다.

  마음이 타들어 간다. 별장처럼 사용하는 고향 집은 비어 있었지만 연로하신 마을 어르신들이 생각나 여기저기 전화를 했다. 하지만 모두 불통이다. 추월이 불가능한 소방차 대열 속의 30분은 마치 3시간 같았다. 아무것도 할 수 없는 안타까움이 불길보다 더 뜨겁게 목과 입술을 태워 들어간다.

  고향 마을이 보이는 밤재 터널을 빠져 나갔다. 순간, 매캐한 냄새가 차를 엄습한다. 하늘은 검은 연기로 뒤덮였고, 요란한 소방차 사이렌과 헬기 소리는 아비규환의 현장이다. 힘치게 능선을 오른 불길은 봉우리마다 거대한 봉화를 이루었다.

  마을 입구에 들어섰다. 경찰이 도로를 막는다. 사정을 얘기했더니 바로 통과시켜 주었다. 매캐한 냄새는 마스크를 뚫고 들어와 숨쉬기도 힘겹다. 불길은 집도 나무도 단숨에 삼켰고, 평화롭던 이웃집들은 이미 형체조차 없다. 세상은 온통 검은색뿐이다. 파스텔화의 궁전 같던 우리 집도 간 곳이 없고 잿더미 속에서 흰 연기만 힘없이 피어오른다.

  정든 고향 집, 작은집, 누님 시집, 친구 집, 가까이 지낸 후배 집, 그 옆의 먼 사돈집 등등 넓은 골짜기의 13채의 집은 한순간에 거짓말처럼 검은 잿더미 속으로 사라졌다. 옆집의 소 9마리도 보이지 않았다.

  발화 지점은 우리 집에서 5킬로미터 정도의 거리였다. 초속 30m의 태풍 급 바람은 불덩이를 공중으로 들어 올려 도로와 논과 강을 뛰어넘어 30분 만에 우리 마을에 이르렀다. 입구에 있던 작은집을 시작으로 순식간에 마을을 쓸고 골짜기 마지막에 있던 우리 집까지 덮쳤다.

 피해는 집만이 아니다. 1만 평의 집 뒤 선산의 울창한 소나무 숲, 조부모과 부모님 산소, 축구장 3배 크기의 밤나무밭까지 모두 태웠다. 불길은 더욱 강한 기세로 뒷산을 넘어 옥계중학교 부근 천남리와 주수리를 삼키고 고속도로 옥계 휴게소와 망상 휴게소의 일부, 망상 해수욕장의 상가와 펜션까지 초토화시켰다.

 전경들, 군인들, 소방대원들은 마지막 진화에 진력하고 기자들과 관계 기관에서 나온 분들은 현장 상황 보도와 피해 조사에 정신이 없다. 그래도 마을에 인명 피해가 없었던 것은 천만다행이다. 젊은이들이 거의 없는 마을의 어르신들은 모두들 불길을 피했다. 생사가 백척간두였던 급박한 상황에도 놀라운 지혜로 주위를 감동시키기도 했다.

 80대 초반의 할머니는 잠결에 눈앞이 환해지고 뜨거운 열기와 매캐한 냄새에 벌떡 일어났다. 상황을 직감하고 모포 한 장을 들고 뛰어나와 맨발로 넓은 밭 한가운데로 달렸다. 본능적인 탈출이었다. 텅 빈 밭에는 불길이 오지 않았고, 모포를 뒤집어쓰고 엎드려 연기의 질식도 피했다.

 혼자 소를 기르고 있던 옆집의 50대 분의 지혜는 더욱 놀랍다. 갑자기 소들의 울부짖는 소리와 뜨거운 열기에 놀라 방문을 걷어차고 탈출했다. 집과 마을은 불덩이에 휩싸인 위험한 상황인데도 울부짖으며 날뛰는 가족 같은 소를 외면할 수 없었다. 위험을 무릅쓰고 낫을 찾아 들고 우사로 뛰어갔다. 숨을 멈춘 채 고삐를 차례로 자르고 마구간의 문을 열고 급히 도랑으로 굴러 피신했다.

많은 인원이 동원되고 10여 대의 소방헬기가 하늘에서 물 폭탄을 퍼부었다. 하지만 태풍급 바람을 업은 불길은 그 모든 것을 비웃듯 온 마을을 알뜰히도 쓸고 지나갔다.

그리고 이틀이 지났다. 놀라운 일이 일어났다. 도망간 소들이 한곳에 모여 있었다. 바람이 세게 불고 불길이 닿지 않은 구렁텅이었다. 주인을 만난 소들은 기쁨의 울음을 울며 주인을 따라 돌아왔다.

다시 4월이 돌아왔다. 새로 단장한 마을이 아직은 낯설다. 내 작은 울음과 웃음까지 기억하던 정든 집은 아담하고 예쁜 현대식 건물로 바뀌었다.

그 따뜻한 옛 보금자리의 추억들이 문득문득 되살아난다. 할머니 곁에 앉아 화롯불에 구워 먹던 군밤의 맛도 아직 입가에 남아 있다. 사촌들과 윷놀이를 하던 뒷방의 웃음소리도 어렴풋이 들린다.

사람의 힘으로 무엇을 할 수 있는가? 공중에 부는 작은 바람도 어찌 인간이 막아설 수 있는가? 자연 앞에 우리는 얼마나 버티며 살 수 있는가? 평화롭던 마을의 울창한 나무 그늘을 벗 삼고, 시냇물에 발을 씻으며 살아온 순박한 분들의 마음을 도적같이 한순간에 삼킬 줄을 누가 상상이나 했겠는가?

인간은 자연 앞에 한없이 미약한 존재다. 성경의 한 구절처럼 날아가는 참새 한 마리도 인간의 힘으로 어찌할 수 없다. 한 줄기 미풍에도 이리 흔들리고 저리 휘청거린다. 그런데도 내가 해보겠다고, 내 힘으로 극복해 보겠다며 발버둥치고 살아간다. 그것이 인간의 한계다.

고향 마을에 봄바람이 다시 분다. 검은 잔디밭엔 할미꽃 봉오리가 내밀고 집 앞 공터에는 민들레가 노란 봄옷을 꺼낸다. 악몽 같았던 그날의 기억은 짙은 초록 속에 서서히 묻혀 간다.

마을 어르신들의 얼굴에도 새 봄이 왔다. 좌절의 아픔의 분량만큼 반전의 기쁨은 짜릿하다. 흰색 널빤지로 멋진 담장을 만들고, 담장 밑에는 봉숭아도 심었다. 털털거리는 경운기 소리가 다시 조용한 시골에 봄을 깨운다.

그날의 악몽이 내게 남겨준 메시지를 다시 생각한다. 마을이 다시 봄을 맞듯 내 마음에는 봄꽃이 피기 시작한다.

사랑의 그늘

　산짐승의 울음소리가 등잔 밑까지 들리는 산골짜기 마지막 집에서 태어났다. 문 앞에 벗어 놓은 신발이 열 켤레나 되었고, 그 틈바구니에 내 작은 검정 고무신도 있었다. 조부모님, 삼촌에 고모까지 한 지붕 아래 복작거렸지만, 집 안의 온기는 벽난로 앞처럼 따뜻했다. 웃음이 문지방을 넘나드는 훈훈함 속에 나는 '예'라는 대답만 배우며 자랐다.
　어린 날의 내 기억의 절반은 논과 밭이다. 언제 한 번 친구들과 지치도록 공을 차지도 못했고, 냇가에 나가 마음껏 송사리도 쫓지 못했다. 잠자리채를 들어야 할 손엔 소고삐가 들려 있었고, 장난감 총 대신 호미와 낫을 들어야 했다.
　마당에 누렁이가 긴 혀를 내밀고 할딱거릴 그 시간에도 나는 부모님 뒤를 따라 밭에 나갔다. 초등학교 고학년 무렵부터다. 당신들의 얼굴에 흐르는 땀방울을 외면할 수 없었다. 오히려 '내가 조금 더 일하면 부모님이 덜 힘들겠지!' 하는 생각이 모든 유혹을 덮었다. 타 지역 고등학교에 진학하고 대학을 졸업할 때까지 당시 유행하던 캠핑도 한 번 가지 못했다. 아니, <u>스스로</u> 집으로 달려갔다.

이런 내 모습은 어려서부터 동네 어른들의 입에 오르내리기 시작했다. 그 소문은 교단에 선 후에도 그림자처럼 따라 다녀 효행으로 교육감 표창을 받았고, 40대 초반에 효행부문 공적으로 교육부장관 표창을 받았다. 이어서 모범공무원으로 선정되어 2년 동안 월 3만 원의 시상금을 받는 영광도 얻었다.

결혼 전의 내겐 휴일이 없었다. 수업이 많던 시절이라 보충수업을 포함하여 일주일에 34시간의 수업을 했다. 금요일 오후가 되면 목이 잠겨 말도 잘 나오지 않았다. 그런데도 토요일 3시간의 수업이 끝나면 바로 시골로 향했다. 쉬고 싶어도 그것이 마음 편했다.

결혼을 한 후엔 상황이 달라졌다. 시골로 가는 시간도 뜸해지고 시간이 날 때는 두 아이를 데리고 가곤 했다. 모든 것이 새롭기만 한 시골을 아이들은 무척 좋아했다. 잠자리와 나비를 쫓고 들꽃을 한 줌 가득 꺾으며 시간 가는 줄 모르고 놀았다. 살진 찔레 순을 한 줌 꺾어 먹여 주고, 잘 익은 산딸기도 한 그릇 따 들려주었다. 손자 손녀들의 그런 모습은 당신들의 피로를 한순간에 풀어주었다.

"아빠가 대학 졸업한 몇 년 후까지 할아버지 댁엔 전기가 들어오지 않았어. 밤엔 등잔불을 켜고 공부를 했지. 겨울에도 검정 고무신을 신고 눈길에 발이 얼며 학교에 다녔단다. 그리고 아빠가 초등학교 2학년 때까지 교실에 책상이 없어 모두 마루에 엎드려 공부했어. 낫으로 연필을 깎고, 비닐을 둥글게 말아 노끈으로 묶어 공을 만들어 찼지."

"아빠! 정말이야?"

아이들에겐 믿을 수 없는 먼 '전설의 고향' 이야기였다.

나이가 든 지금, 그때 그 힘들었던 시간들이 아름답게 다가온다. 한복을 즐겨 입으신 하얀 수염의 할아버지, 화로에 밤을 구워 입에 넣어 주던 할머니의 따스한 손길이 불현듯 그립다.

4남 1녀 중 셋째로 태어났다. 맏이인 형님과 둘째인 누님, 그리고 나이 차이가 많이 나는 어린 두 남동생 틈바구니에서 부모의 손길을 가장 적게 받았다. 대부분의 시골의 삶이 그렇듯 부모님의 손길이 자식들에게 닿을 시간이 없었다. 자신의 일은 모두 자신의 몫이었다. 초등학교 입학에서 대학 졸업까지 부모님이 나를 위해 학교 교문에 들어선 것은 대학 졸업식 날이 처음이자 마지막이었다. 혼자 객지인 고등학교에 입학시험 보러 가고, 혼자 대학과 학과를 선택하여 진학하고, 낯선 도시로 무작정 올라가 발품을 팔며 혼자 하숙집을 구했다. 지금이야 대단한 일이지만 그 당시엔 그게 그리 엄청난 일도 아니었다.

어르신들의 삶의 모습에서 참 많은 것을 배웠다. 숟가락 두 개만 가지고 살림을 나셨다는 할아버지와 할머니의 부지런함을 아버님이 배우셨고, 그 아버지는 다시 우리들에게 보여 주셨다. 가족의 소중함이 무엇인지, 사랑이 어떤 것인지 당신들은 몸으로 일깨워 주셨다. 아직도 그 훈훈함이 안개비처럼 온몸을 감싼다.

내가 자란 마을은 60~70가구가 살았다. 처음에 우리 집은 동네에 크게 눈에 띄지 않았다. 그런데 남과 다른 연구와 노력을 하신 부모님 덕분에 우리 집과 작은집 아이들 8명이 모두 대학에 다녔다. 마을 전체의 대학생보다 우리 집안의 대학생이 훨씬 더 많았다. 자연히 동네의 시선이 쏠리기 시작했다. 그뿐 아니다. 살림도 가장 번창하여 동네에서 논과 밭도 가장 많이 소유하게 되었다. 그건 모두 당신들의 땀이었다.

아버지는 새벽 3시면 일어나 등잔불 아래서 지난해의 시행착오를 바탕으로 새로운 작농 방법을 연구하셨다. 보다 소득이 많은 새로운 작물 재배를 처음 시도하여 성공하면 다음 해부터 동네에 퍼트렸다. 어머니도 겨울철에도 쉬지 않고 밤을 새워 엿을 고아 팔고, 디딜방아에 고추를 빻아 5일장에 이고 나가셨다.

그 쉼 없는 생활은 어린 내 가슴에 깊이 스며들었다. 무엇보다 내가 크게 영향을 받은 것은 두 분의 관계다. 말다툼 한 번 하지 않은 분들이다. 설날 아침이면 남편에게 먼저 절하라는 아버지, 동갑이지만 내 생일이 빠르니 당신이 세배해야 한다는 어머니의 주장은 한 해를 시작하는 가족을 훈훈하게 했다. 아버지의 너그러운 웃음과 어머니의 순종 때문이었다. 그 사랑의 모습들이 문득문득 그리워진다.

보리밥과 칼국수를 먹고 자라 중학교를 졸업할 때까지 짜장면을 먹어 보지 못했지만, 시골에서의 삶은 내게 큰 힘이 되었다.

부모에게 배운 그 사랑으로 오늘 나와 마음을 같이 하는 소중한 분들과 함께 어깨동무를 하고 웃고 싶다. 언제나 그들에게 따뜻한 그늘을 드리우며 함께 빛을 향해 걸어가고 싶다.

할머니의 눈물

교회에 다녀와서 중학생인 둘째 아이와 오랜만에 시골에 갔다. 차가 마당에 들어서자 할머니는 텃밭에서 호미를 든 채 달려와 그저 '민교야, 민교야!'만 반복하시며 손을 놓지 않으신다. 아들인 내겐 전혀 관심도 없다.

아버지가 돌아가신 후 당신께서는 산 밑 큰 기와집을 홀로 지키신다. 하루 종일 대화할 대상은 마당가 검둥이밖에 없다. 매주 토요일 오후가 되면 멀리 동구 밖에 낯익은 차가 들어오는지를 바라보는 것이 어느새 버릇이 되었다. 그렇게 외롭게 지내며 텃밭에 몇 포기 배추를 심고, 마당에 고추를 말리는 것이 시내 생활보다 훨씬 좋다고 아들들의 적극적 회유도 완강히 뿌리치신다.

병원에 혈압약 타러 오셨다가 손녀와 손자가 보고 싶어 아파트에 오신 적은 많지만 민교가 직접 할머니를 찾아 뵌 것은 아마 1년은 된 것 같다. 그 사이에 마당가 누렁이는 검둥이로 바뀌었고,

울 밑의 몇 포기 심었던 봉숭아는 어느새 작은 밭을 이루었다.

냉장고를 뒤져 먹을 것은 다 꺼내 민교 손에 들려 주신다. 아빠보다 더 커진 손과 넓어진 어깨를 쉴 새 없이 쓰다듬으며 무릎 앞에 앉아 손자의 먹는 모습에서 시선을 떼지 않으신다.

집 주위를 돌아다니며 호박, 가지, 풋고추, 옥수수, 강낭콩 등을 챙겨 비닐봉지에 담으시는 할머니의 얼굴은 기쁨으로 가득하다. 적어도 10년은 거슬러 올라간 것 같다. 손자와 함께 꿈같은 시간을 보내시는 모습이 너무 좋다.

집으로 돌아올 때, 할머니는 민교 손에 만원을 들러주신다. 그리고 그 두 손을 꼭 잡고 '고맙다. 민교야!'만 반복하신다.

차가 미끄러지기 시작할 때 할머니는 잡았던 손자의 손을 슬며시 놓고 고개를 돌리셨다. 돌아서서 소매로 눈물을 훔치는 모습을 백미러로 바라보며 천천히 차는 떠났다. 차가 까마득 멀어질 때까지 할머니는 그 자리에 그대로 서 있었다. 한 손은 우리를 향해 흔들고 한 손은 계속 얼굴을 향하며….

동구 밖을 벗어날 때까지 민교와 나는 서로 창밖을 바라보며 애써 외면했다. 아무 말도 하지 않았다. 그리고 한참 후에 우리는 시선이 마주쳤다.

"민교야. 할머니가 왜 우셨는지 아니?"

"예. 알아요."

"오래 기억하면서 살 수 있겠지?"

"예. 아빠!"

사랑의 조건

아버지와 두 아들이 있었다. 둘째 아들은 아버지에게 자기가 받을 유산을 미리 물려달라고 요구한다. 당시의 사회 분위기는 그런 요구가 아버지를 수치스럽고 불명예스럽게 만드는 행위였다. 그러나 아버지는 아무런 조건 없이 아들의 요구를 들어준다. 아들은 아버지께 받은 모든 재산을 현금화하여 먼 나라로 떠난다.

아들 앞에는 누구의 간섭도 눈치도 볼 필요 없는 새 세상이 펼쳐졌다. 그때부터 세상의 쾌락에 젖어 흥청거리기 시작한다. 그러나 달콤한 시간은 잠시뿐, 얼마 지나지 않아 가지고 있던 모든 돈을 탕진하고 만다.

마침 흉년이 들어 먹고 살기가 막막해지자 당장 살아가기 위해 남의 집 농장에 들어가 일하기 시작했다. 하지만 이내 돼지 사료조차 제대로 먹지 못하는 비참한 생활로 이어졌다. 결국 그

생활도 더 이상 버틸 수 없어 집으로 돌아간다.

타락한 불효자 아들, 그러나 아버지는 지쳐 돌아오는 아들을 먼저 발견하고 달려가 목을 끌어안고 입을 맞춘다. 당신이 당한 불명예와 치욕도 아랑곳없이 아들을 사랑으로 품는다.

아버지에겐 아들의 지난 일은 아무런 의미가 없었다. 아버지가 아들을 애타게 기다린 이유는 단 하나, 함께 살고 싶었던 것이다. 아들이 돌아온 기쁨을 억누를 수 없어 아버지는 소를 잡아 동네 사람들에게 잔치를 베풀고 아들의 신분도 회복시켜 준다.

맏아들은 이런 둘째와 달랐다. 어머지와 함께 살며 열심히 아버지 일을 도왔다. 형도 동생이 돌아왔다는 소식을 듣게 된다. 타락했던 동생이 잘못을 뉘우치고 돌아왔으니 누구보다 반가워해야 하는데 형은 오히려 화를 내며 분노한다. 그것도 모자라 동생의 비리를 폭로하며 망신을 준다. 그리고 동생과 달리 부모를 도와 열심히 일했던 자신을 자랑한다.

형은 동생에게 왜 그랬을까? 왜 동생이 눈의 가시였을까? 동생이 돌아오지 않으면 아버지가 가진 것 모두 자신이 독차지할 수 있는데 그 꿈이 사라진 것이다. 아버지는 둘째가 돌아온 가장 기쁜 날에 첫째 아들의 마음 중심을 보았다. 아버지의 마음은 무너졌을 것이다. 그럼에도 불구하고 아버지는 첫째를 향해 달려간다. 그리고 내가 가진 것이 모두 네 것이라고 위로하며 토닥거려 준다. 헤아릴 수 없는 자식에 대한 아버지의 사랑이다.

누가복음 15장에 나오는 예수님이 비유로 하신 이 이야기가 가슴을 뭉클하게 한다.
 사랑! 우리가 생각할 수 있는 사랑과 차원이 다르다. 우리를 구원하기 위해 죄 없는 독생자를 고통스러운 십자가에 달리게 한 하나님의 사랑이다. 이 땅에 없는 무조건적 사랑이다.
 세상에서 가장 많이 하고 듣는 말이 사랑이다. 말로, 손가락으로, 팔로 하트를 그리며 사랑 표시를 하는 것이 어느새 일상 언어가 되었다. 카페에 가서 늘 시키는 라떼 커피 잔 위엔 어김없이 예쁜 하트 무늬가 그려져 있다. 내가 늘 앉는 자리 바로 옆 벽에도 멋진 하트 무늬 그림이 그려져 있다.
 자식은 무엇으로 기르는가? 사랑이다. 어미 새의 날개의 따뜻함이 새끼의 마음을 키우듯 부모의 사랑은 자식의 힘든 시간들을 기쁨으로 이기게 해 준다.
 돌아보면 나도 그랬던 것 같다. 피곤한 몸으로 밤늦게 학교에서 들어와도 잠자는 아이들을 바라만 보아도 하루의 피로가 햇살에 무지개처럼 사라졌다. 60년이 훨씬 지난 지금, 어릴 때 아이들의 모습들은 가물거리지만 그 사랑은 지금도 변함이 없다.
 "하연이와 하윤이가 더 이상 크지 않고 지금 이대로 있었으면 좋겠어."
 누나가 낳은 두 아이들을 무릎에 앉히고 아이들의 삼촌인 아들은 늘 그렇게 말했다. 나도 마찬가지다. 두 손녀가 옆에 있으면 마음이 따뜻해진다. 눈을 뗄 수 없다. 녀석들이 무엇을 해도 예쁘다. 어떤 짓을 해도 사랑스럽다. 무슨 말을 해도 귀엽다. 어릴 때는 더욱 그랬다. 떼를 쓰는 모습도 귀엽고, 화가 나서 우는 모습을 보아도 밉지 않다. 함께 있으면 이 세상에 더 이상 필요한 것이 없다.

돌아온 탕자를 대하는 아버지는 지난 시간들을 묻지도 따지지 않는다. 왜 집을 나갔는지, 집을 나가 어디서 무엇을 했는지, 그 많은 돈을 어떻게 탕진했는지 아버지의 마음에는 남아 있지 않다. 돌아와 옆에 있는 것만으로 마음이 가득 채워진다. 이것이 자식에 대한 부모의 사랑이다.

사랑은 관계에서 시작된다. 관계가 소통을 낳고, 소통은 사랑을 깊게 한다. 네가 나고, 내가 곧 너인 관계, 가장 아름답고 고귀한 사랑이다. 세상의 언어로는 도저히 그릴 수도, 풀 수도 없는 사랑이다.

아무런 조건도 없는 사랑, 존재 자체로, 있는 모습 그대로의 사랑을 잊고 살아온 것 같다. 사랑으로 할 수 있는 일은 큰일도, 거창한 일도 아니다. 마음을 같이 하는 것, 오직 그것뿐이다.

진정한 승부

 영화를 좋아하게 된 것은 고등학교 때부터다. 2학년 때, 하숙집 옆방에 세 들어 사는 아저씨가 강릉의 모 극장의 총무였다. 당시에는 학생과 선생님들의 야간 순찰이 심했다. 적발되면 심한 벌을 받고 반복되면 정학 처분을 받았다.
 나보다 한 살 적은 주인집 아들과 아침에 옆방 아저씨께 은밀히 부탁을 하고 마지막 상영 시간에 맞추어 극장에 갔다. 뉴스가 끝나고 영화가 시작되는 타임을 맞추어 아저씨를 통해 공짜로 들어가 안전한 2층 구석 자리에 앉았다. 그렇게 거의 모든 영화를 보는 동안 영화의 매력에 깊이 빠져들어 갔다.
 지난해, 「승부」라는 영화가 나왔다. 우리나라 바둑계를 대표하는 조훈현과 제자 이창호의 이야기다. 바둑은 영화 관람과 함께 내게 가장 오래된 취미 중의 하나다. 그러다 보니 가까운 친구들은 내 실력을 인정한다. 보통 바둑을 좀 둔다는 사람들보다 조금 더 잘 두는 편이다.

한국 바둑의 대명사인 이창호는 초등학교 2학년 무렵부터 돌풍을 일으키기 시작했다. 4학년을 지나며 우리나라 대표 기사들과 어깨를 나란히 하며 최정상에 있던 스승 조훈현 옆에 바짝 다가갔다. 내가 30대 초반이었던 그 당시, 「TV바둑」프로그램에서 이창호 대국 모습을 빠짐없이 보면서 그 어린 나이의 침착함과 끈기, 정확한 형세 판단 능력에 늘 감탄했다.

둘이 앉아 바둑 두는 것을 소재로 영화를 만들 수 있을까? 바둑의 묘미를 모르는 분들을 그렇게 믿기겠지만 정말 좋은 소재라는 생각이 들었다. 아내는 전혀 관심이 없어 큰 기대로 혼자 극장에 갔다. 실제 사건을 소재로 하여 더욱 흥미가 있었고, 전개되는 스토리나 짜임새가 뛰어난 정말 감동적인 영화였다.

흔히 바둑을 인생에 비유한다. 우리가 살아가는 삶의 모습과 인생의 진리가 가로와 세로의 19줄의 작은 나무 판 위에 모두 담겨 있다. 승리라는 목표를 향해 흐트러짐 없이 혼신의 힘을 다해 달려야 하는 경기다. 잠시 마음이 흔들려 한 수만 실수하면 바로 역전 당할 수 있다. 한 수만 순서가 바뀌어도 승패에 결정적 영향을 미친다. 순간적으로 흥분하거나 평정심을 잃으면 돌이킬 수 없는 결과에 이르기도 한다. 그래서 더욱 다이내믹하고 매력적이다.

어린 제자 이창호는 스승의 가르침을 충실히 따르며 자신만의 독특한 힘을 꾸준히 길렀다. 그리고 드디어 우리나라 최고의 자리에 있던 스승 조훈현을 밀어내고 정상의 자리에 우뚝 선다. 청출어람이다. 정상의 자리를 놓고 계속 진검 승부를 펼쳐야 하는 현실 앞에 두 사람의 마음은 복잡했을 것이란 생각도 든다.

"바둑은 답이 없는 건데, 내가 너에게 답을 강요했다."

제자를 향한 스승의 말이 가슴에 큰 울림으로 다가왔다. 자신을 넘어서는 제자에게 했던 이 말은 우리의 삶에 큰 교훈과 함께 어떻게 살 것인가에 대한 과제를 던져 주고 있다. 제자는 스승을 넘어서야 한다. 스승은 그것을 진심으로 바란다. 그런 제자들이 나오면 정말 기쁘다.

글을 쓰는 사람들의 모임인 문학단체 안에 나보다 훨씬 뛰어난 제자들이 많다. 시인으로, 아동문학가로, 수필가로 눈부신 활약을 하는 그들의 모습을 바라볼 때마다 너무 기쁘고 마음 뿌듯하다.

'답이 없는데 답을 강요했다.'라는 한마디가 몇 년 전의 강의실로 나를 데리고 갔다.

정년퇴임을 한 후, 대학 강단에 서는 기회가 주어졌다. '의사소통과 문제해결능력'이라는 정말 좋은 강의 제목으로 젊은이들을 만날 수 있다는 흥분에 며칠 들떴다.

첫 시간 강의를 시작했다. 학과의 특성을 살려 100분 연속 강의가 끝나기 10분 전에 하루 3명씩 자유 주제로 발표하는 시간을 갖기로 하고 학점 반영에 대한 안내도 했다.

대학생다운 참신하고 열띤 토론에 대한 기대는 첫 시간부터 산산조각이 났다. '정녕 저 얘기가 대학생들의 입에서 나오는 얘기가 맞아?' 내 기대치를 바닥까지 끌어 내려도 이건 정말 아니었다. 다른 학과도 마찬가지였다.

초점 없이 횡설수설하는 학생, 몇 주가 지나도 아무 할 얘기가 없다며 무관심한 태도의 학생들, 정 할 얘기가 없으면 이 학과에 왜 왔는지, 고향 자랑을 하든지, 아님 어제 친구랑 술 먹던 얘기라도 하라고 해도 굳게 닫힌 입은 좀처럼 열리지 않는다.

결국 번호 순서대로 억지로 불러내어 말을 시키고 학점을 주던 그 실망의 기억이 파노라마처럼 지나갔다. 젊은이들과 인생을 이야기하고 싶었던 꿈은 대책 없는 그들의 장래와 우리나라의 암울한 미래를 마음에 묻고 4학기 강의를 마지막으로 강단에서 내려왔다.

아인슈타인은 어린 시절, 또래보다 발달과 학습이 느려 늘 뒤처지는 아이였다. 부모에게 걱정을 끼치고, 학교에서는 게으른 아이로 불렸다. 대입 시험에도 떨어졌다. 그러나 그는 세상에 속도를 맞추려고 애쓰기보다 '왜 그런가? 정말 그런가?'라는 질문을 붙잡고 씨름을 했다. 그 인내의 결과 1905년 네 편의 논문이 과학 세계의 패러다임을 흔들었다. 결국 그는 그동안의 생각을 송두리째 바꾸는 획기적 업적을 이루어 냈다.

뒤처짐은 패배가 아니다. 오히려 세상을 생각할 시간, 세상을 새롭게 볼 눈을 길러 주는 선물이다. 내가 실망했던 대학생들의 모습이 새롭게 비춰진다. 내 중심으로 정답만 가르치려는 생각에 내가 정해 놓은 기대치에 잣대를 대고 현재의 모습만으로 미래를 예측했던 것이 오만한 생각이었음을 깨닫게 된다.

"바둑은 끝날 때까지 모르는 거야. 그게 인생이고."

또 한 번 마음을 크게 울린 스승의 대사다. 진정한 승부는 현재도 아니고, 다른 사람도 아니다. 결국 자신 앞에 놓인 장벽을 어떻게 헐고 헤쳐 나가느냐에 따라 결정된다. 승패는 외부의 상대보다 내 안의 한계와 두려움을 어떻게 뛰어넘느냐에 달렸다.

인생은 예측 가능한 경기가 아니다. 예측 불가능한 것은 바둑뿐 아니라 우리 인생 자체다. 끝날 때까지 알 수 없기에 소망이 있고, 달라지는 미래가 있기에 희망의 나날을 꿈꿀 수 있다. 진정한 승부는 상대가 아니라 자신과의 싸움이다.

돌부처란 별명을 가졌던 이창호, 그는 날렵하지 않고 우직했지만 예리한 스승 조훈현을 넘어 바둑계를 평정했다. 늘 뒤처지고 게으른 아이였던 아인슈타인은 상대성 이론과 광전효과 설명의 빛나는 업적을 남겼다. 엉터리 같은 대학생들의 모습에 한없이 실망했지만 그들이 일취월장 새로운 모습으로 이 사회에 빛을 발하는 청년들이 될 수 있을 것이라는 확신과 긍정적 기대를 새삼 갖게 된다.

우리의 인생에 영원한 자리는 없다. 정상에 오르면 반드시 내려와야 하고 최고의 자리는 언젠가 다음 세대, 다음 사람에게 넘겨주어야 한다. 그다음 자리의 주도권을 누가 쥘지 아무도 모른다. 그것이 삶의 진리다. 진정한 승부는 결과가 아니라 과정이다. 바둑판에서 누가 이겼느냐가 중요하지만 그보다 어떻게 이겼느냐가 더 큰 가치가 있다. 우리의 삶 자체가 그렇다. 인생의 진정한 승부의 답은 각자의 마음속에 있다.

통쾌한 복수

걸음마를 배우고 처음 만난 친구가 상완이다. 맨발로 다니며 개미집을 파헤칠 때부터 중학교 교복을 벗을 때까지 마당만 벗어나면 우리는 늘 함께 있었다.

고향을 떠나 각자 다른 고등학교에 진학한 후에는 집에 오는 주말이 되어야 다시 만났다. 그러다 나는 대학에 가고 상완이는 직업군인이 되면서 우리의 만남은 거의 끊어졌다. 1년에 한 번 만나기도 어렵게 우리는 다른 모습으로 각자의 길을 열심히 걸어갔다.

우리가 자라던 마을을 '이중밭'이라 불렀다. 넓은 마을을 저쯤 바라보는 골짜기에 이(李)씨와 정(鄭)씨 두 집만 산다고 해서 붙여진 이름이다. 원래는 '이정밭'이었던 것이 언제부턴가 이중밭으로 굳어져 지명이 되었다. 물론 이씨는 상완이네 집이고, 정씨는 우리 집을 말한다.

마당에서 돌팔매를 힘껏 던지면 지붕 위에 떨어질 거리에 상완이 집이 있었다. 200여 미터 바깥쪽에 두 집이 더 있었지만 또래는 우리밖에 없었다.

상완이는 모든 놀이의 유일한 파트너고 영원한 적수였다. 고무신 자동차 놀이, 연날리기, 썰매타기 등도 함께 즐겼다. 시간과 장소에 구애받지 않고 승부를 가리는 딱지치기, 자치기, 땅따먹기, 비석치기 놀이를 주로 했다. 심판이 없고 늘 얼굴을 마주하다 보니 자주 의견 충돌이 일어났다. 잘 놀다가도 갑자기 내가 옳다 네가 옳다 하며 얼굴을 붉히며 식식거렸다.

내가 양보하는 편이 훨씬 많았다. 하지만 너무나 명백한 사실을 우길 때는 마음속에서 천둥 번개가 몰아쳤다. 게임은 종료되고 결론은 항상 같다. 너와는 다시는 놀지 않겠다고 다짐하며 집으로 향했다. 그러나 작심 하루 밤이다. 다음 날은 아무 일 없었다는 듯이 웃으며 다시 만났다.

공부는 내가 훨씬 잘했다. 하지만 힘으로는 늘 졌다. 언제 한번 코피 터지게 신나게 싸워 본 적도 없는데 어느 순간부터 덩치가 조금 더 큰 상완이가 힘센 놈으로 되었다.

초등학교 들어가기 전에는 나도 이긴 적이 있었다. 놀고 있는 장소가 우리 집 마당이거나 우리 집과 아주 가까울 때다. 형이 집에 있을 때, 또는 우리가 보이는 밭에서 부모님이 일을 하고 있을 때도 자연히 내가 이기는 것으로 되었다. 놀이에서 마음껏 실력 발휘를 하고 유일하게 내 목소리가 커지는 때도 이런 때다. 그래서 나는 늘 잔꾀를 부려 우리 집으로 유인하곤 했다. 상완이가 자기 집으로 오라고 소리 질러도 꾹 참는다. 그러면 성격이 급하고 놀기를 더 좋아하는 상완이가 마당에 들어선다.

　사실 놀기 장소로는 상완이 집 마당과 주위가 훨씬 더 넓고 좋다. 그래서 대부분의 경우는 상완이 집 주위가 주 경기장이다. 홈그라운드인데다 힘도 나보다 세니까 판결이 어정쩡할 때는 늘 상완이 말이 옳고, 상완이가 내리는 결론에 울며 겨자 먹기였다. 약자의 비극이다.

　초등학교 3학년쯤으로 기억된다. 어느 추운 겨울날이었다. 우리는 비석치기 놀이를 했다. 두 번이나 진 상완이가 말도 안 되는 이유를 들어 끝까지 우기는 바람에 결국은 내가 지고 말았다. 상완이도 자기가 잘못이라는 것을 분명히 안다. 그만큼 논란의 여지가 없을 정도로 명백했다. 그날은 너무 억울하고 속상해 이불 속에서도 끙끙거렸다.

　그러다 순간적으로 퍼뜩 머리에 한 생각이 스쳤다. 싸우지 않고 통쾌하게 복수를 할 수 있는 기발한 묘안이 떠오른 것이다. '그래! 그거야. 왜 이런 생각을 그동안 못했을까?' 속상함이 한순간에 사라지며 기뻐서 잠도 잘 오지 않았다. 날이 밝기만 기다렸다.

　책가방을 들고 다른 날보다 일찍 집을 나섰다. 그리고 누가 오는지 살피고 잽싸게 상완이네 보리밭에 들어갔다. '이 보리들을 꼭꼭 밟아 죽이리라. 그러면 보리농사를 망치겠지?' 닭싸움을 시키고 고소해하는 동백꽃의 점순이의 심정으로 힘차게 보리를 밟아 나갔다.

통쾌한 복수는 하굣길에도, 다음날 등굣길에도 계속되었다. 더 많이 죽이기 위해 빠른 발놀림으로 차례차례 남김없이 밟아 나갔다. 그동안 놀이에서 당했던 억울함과 속상함이 단숨에 사라졌다.

그 후론 놀이에서 이기고 지는 것은 전혀 문제가 되지 않았다. 억울하다고 생각되면 나는 더 통쾌하게 복수를 할 수 있었기 때문이다. 정말 즐겁고 신나는 겨울이었다.

며칠이 지난 수업 시간이었다. 수업을 듣다가 나는 완전히 무너졌다. 담임 선생님께서 '겨울철에는 보리밭을 밟아 주어야 한다. 밟지 않으면 땅이 얼어 보리 뿌리가 위로 들려 올라오게 되고 그러면 보리는 얼어 죽을 수 있다. 보리밟기를 해 주어야 뿌리가 얼지 않고 보리농사가 잘 된다.'라고 하는 것이 아닌가?

하늘이 무너지고 땅이 꺼지는 것 같았다. 날마다 상완이 집 농사를 도와주었다고 생각하니 분해 견딜 수 없었다. 그날 밤 나는 또 뜬눈으로 샜다.

상완이 집도 우리 집도 고성·강릉 산불 때 화마가 쓸고 지나갔다. 옛 추억 어린 집은 사라지고 어울리지 않는 아담한 조립식 집이 외롭게 서 있다. 상완이 모습도 없다. 한창 일할 50대에 상완이는 세상을 떠났다. 언젠가 그때 일을 이야기하며 이중밭 골짜기가 울리도록 실컷 웃고 싶었는데… 그때 내가 복수했던 그 보리밭엔 지금 잡초만 무성하다.

풀리지 않는 수수께끼

 함께 웃으며 모두들 즐거워한다. 어린이부터 연세 많은 어르신까지 누구라도 상관없고, 장소를 가리지도 않는다. 의외성과 긴장감이 있고 다이내믹하다. 재치가 넘치고 삶의 지혜가 듬뿍 묻어난다. 동문서답을 해도 쑥스럽거나 속상하지 않다.
 이런 수수께끼는 지친 삶에 새로운 활력소를 불어넣는 매력적인 언어유희. 무엇보다 느슨해진 마음을 일깨우며 큰 감동과 교훈을 안겨 주는 강력한 힘을 지닌다. 전파력도 매우 강하다. 하지만 며칠만 지나면 대부분 길거리 좌판 위의 고등어처럼 신선도가 떨어진다.
 어제는 흐느적거렸어도 아침에 일어나면 마음은 언제나 시간을 거슬러 올라간다. 젊은 날처럼 빨리 달릴 수 있을 것 같아 대문을 나서지만 흘러간 시간들이 발걸음을 끌어당긴다. 마음에 몸이 따르지 않으니 한 몸속에 두 사람이 사는 것 같다. 나이는 몸에 새겨진다지만, 마음의 시간은 멈춘 듯하다. 이럴 모습을 발견할 때마다 인생이 수수께끼라는 생각이 든다.

어린 시절의 여름날, 동네 냇가에서 놀던 어느 날이 떠오른다. 모인 친구들의 이름, 입었던 옷, 신었던 신발, 그리고 물장구를 치며 놀다가 떠내려 보낸 신발까지 기억난다. 그뿐 아니다. 개구리를 잡겠다고 던지던 돌멩이의 크기와 생김새까지 생생하게 떠오른다.

그런데 얼마 전, 아내가 내가 가끔 친구를 만나러 다니던 카페 이름을 물었다. 그런데 갑자기 캄캄하다. 글자 수도 기억되는데 아무리 생각해도 이름이 머리에서만 뱅뱅 돈다.

까마득한 날의 기억은 마치 어제 일 같고, 가장 가까운 기억은 안개처럼 흩어져 버리는지 알 수 없다. 머리에서 무엇을 기억하고 어떤 것을 지워버리는지 그 선택의 기준은 도무지 풀 수 없는 수수께끼다.

내겐 아직도 풀리지 않는, 아니 영원히 풀 수 없는 수수께끼 같은 사건이 있다. 꺼낼 때마다 의문 부호만 점점 커진다.

시골에는 예나 지금이나 마당가에 개를 기른다. 내가 어릴 때부터 시골 우리 집 마당가에 있는 개집은 한 번도 빈 적이 없다. 요즘의 애완견과 달리 인적 드문 시골의 집을 든든히 지켜 주고, 적적함을 달래 주는 없어서는 안 될 가족의 일원이다.

40년 전이다. 아버지께서 '마루'라는 개를 기르셨다. 황금빛의 마루는 정이 많고 유난히 영리했다. 몇 달 만에 고향 집에 가도 멀리 내 차만 보면 반가워 어쩔 줄 몰라 한다. 그런데 옆집 아저씨와 앞집 아줌마는 매일 집에 들르는데도 변함없이 컹컹 짖어 부모님께 알린다.

마루는 두 분이 사시는 부모님에게 더 없는 친구였다. 아버지가 하는 말은 거의 알아들었다. 그렇다고 특별한 족보가 있는 품종의 개는 아니다. 아버지가 시장에 가셨다가 몇천 원 주고 사오셨다. 그렇게 오랫동안 한 가족이 되어 정도 듬뿍 들었다. 하지만 마루도 세월은 비껴갈 수 없었다.

어느 가을날, 추수를 돕기 위해 오랜만에 고향 집을 찾았다. 늘 자리를 지키며 반기던 마루가 보이지 않았다. 아버지는 안타까운 듯 마루의 사연을 들려주었다.

며칠 전에 이웃 동네에 사는 아버지 친구분이 놀러 오셨다. 두 분이 마당에 앉아 소주잔을 기울이며 마루에 대한 얘기를 나누셨다. 이제 너무 늙어 곧 팔아야겠다, 팔면 얼마나 받을 수 있을까, 그냥 누구에겐가 주면 가지고 갈까 등등의 얘기를 주고받으셨단다.

마당에 엎드려 두 분을 물끄러미 바라보며 눈만 껌벅이던 마루는 그날 저녁부터 자기 집에서 나오지도 않고 어머니가 저녁을 주어도 먹지 않았다. '마루가 왜 이러지? 어디 아픈가?' 아버지께서 끌어안고 살펴보아도 별다른 이상이 없었다.

다음 날이다. 아침에 일어났는데 10여 년간 빈 적이 없던 마루의 집이 비어 있었다. 절대로 스스로 풀 수 없는 목줄도 풀고 사라졌다. 두 분은 정신없이 마루를 부르며 찾기 시작했다. 그러다 집 뒤 100미터 남짓 되는 거리에 있는 연못 속에서 마루를 발견했다.

두 분은 큰 충격에 빠졌다. 마루의 죽음은 이내 동네에 큰 뉴스가 되었다. '절대로 풀 수 없는 목줄을 어떻게 풀었을까? 왜 연못에 빠졌을까? 누가 죽였을까? 아님, 자살일까?' 풀 수 없는 수수께끼는 의문만 더 커졌다.

과학적으로 개가 자살을 하는 것은 불가능하다고 한다. 하지만 자살 이외에 나른 무엇으로도 마루의 죽음과 관련된 개연성을 찾을 수 없다. 중요한 것은 풀 수도, 풀리지도 않는 영원한 미스터리 같은 일이 실제로 일어났다는 사실이다.

아직도 가끔, 풀리지 않는 마루가 죽은 이유를 생각해 본다. 그리고 인생을 생각한다. 세상의 삶 자체도 온통 수수께끼라는 생각이 든다. 그 풀리지 않는 수수께끼를 안고 열심히 답을 찾아가는 것이 바로 우리의 인생이리라.

4

길 끝에서

희한한 숨바꼭질

"나 지금 나갈 거야."

"응. 그럼 나 들어갈게."

살다 보니 세상에 이런 일도 다 있다. 아내가 코로나에 확진되며 집안에서 숨바꼭질이 시작되었다. 아내가 문을 열고 나오려고 하면 나는 잽싸게 방으로 들어가고, 내가 거실로 나가면 아내는 어느새 뒷모습도 보이지 않는다. 코로나가 만들어 준 코미디 같은 삶이다.

아내는 안방과 가까이 있는 컴퓨터 방까지 두 개를 사용하고, 나는 현관 쪽에 있는 방과 거실 소파에서 주로 지냈다. 식사 때가 되면 맛있는 것 시켜 먹자고 해도 건강이란 말로 굳이 나를 방으로 들여보내고 아픈 몸에도 주방에서 뚝딱거린다. 내가 생각해 봐도 내가 문제다. 서당 개도 삼 년이면 풍월을 읊는다는데, 아무리 음식에 문외한이라도 이럴 때마다 참 미안한 마음이 든다.

그렇다고 다른 것에도 그런 것은 아니다. 이런저런 집안일은 잘 하고 잘 도와준다. 하지만 부엌에만 들어가면 리모컨이 된다. 번호를 누르는 대로 깎고, 자르고, 썰고, 다듬기만 한다. 그게 내 능력의 한계다.

아내가 식사를 차려 놓고 방으로 들어가면 식탁으로 나온다. 혼밥은 역시 익숙지 않고 맛도 없다. 깨끗이 설거지를 하고 들어가면 얼마 후 아내가 뒤이어 식탁에 앉는다. 그릇도 철저히 분리 사용하고 날마다 끓여 소독을 한다. 물론 화장실도 각자 다른 곳을 이용하고 거실에 나올 때나 소파에서 TV를 볼 때도 K94 마스크는 기본이다.

늘 함께 다니던 바닷가 카페의 내 앞자리는 아내 대신 노트북뿐이다. 밖에 나올 수 없는 아내는 집에서 먼지 앉은 책을 꺼내거나 성경을 읽는다.

그런 숨바꼭질 같은 어설픈 삶은 계속되었다. 검사 결과가 음성이 되어 3일이 지났으니 이제 전혀 문제없다고 해도 모든 일에 철저한 아내는 아이들이 고생했던 사실을 잊었느냐며 70대의 나이를 생각하란다. 며칠만 더, 하루만 더 하는 사이에 2주가 가까워지며 숨바꼭질도 막을 내렸다.

일곱 명의 가족 모두 정부 방침에 잘 따랐고, 일정에 따라 늦지 않게 예방 백신도 빠짐없이 맞았다. 그런데 서울에서 직장에 다니는 아들이 2차 백신을 맞고 몇 달 지나지 않아 1번 타자로 확진되었다. 매사에 늘 조심하는 성격에 마스크 착용도 철저히 하고 다니는 아인데 여의도의 인파와 지하철은 피할 수 없었다는 것이다. 목이 아프고 몸이 힘들다는 연락이 올 때마다, 밥 한 끼, 반찬 하나 꺼낼 때마다 아내는 안타까워한다.

문득, '호미의 날도 날이지만, 낫처럼 들지 않는다.'는 고려가요 「사모곡」이 생각난다. 아버지도 같은 어버이지만 어머니 같이 자식을 사랑하지 않는다는 내용이다. 그래도 회사가 지하철역과 가까운 곳에 있고, 넓고 깨끗한 집에서 살고 있으니 생활 여건은 최상이다. 식사도 시켜 먹든가 바로 앞에 나가 사 먹으면 무슨 문제가 있느냐는 말을 아내가 듣는 곳에서 해 주지만 어머니의 마음은 그렇지 않은가 보다.

문제는 아들에 이어 두 번째로 확진된 딸 가족이다. 초등학교 3학년 손녀가 처음 확진되었다. 학교에서 담임 선생님이 무슨 과목의 수업을 하며 교과서에 나오는 대로 서로 꼭 안아 주게 했는데 자신을 안아 준 친구가 기침을 자주 하던 아이였단다. 저녁부터 목이 아프다고 하더니 다음 날 바로 확진 판정을 받았다. 등교할 때도, 급식을 할 때도 거리두기를 하는데 개념 없이 이런 황당한 수업을 한 담임 선생님이 도무지 이해가 되지 않아 너무 화가 났다.

하지만 나도, 아내도 평생 교단에 섰고, 딸은 현직 교사이니 담임 선생님께 전화도 할 수 없다. 너무 열심히 수업을 하다가 깜빡 잊고 실수한 것이라고 딸과 사위에게 얘기해 주면서도 마음은 편하지 않다.

문제는 아이를 특별 관리할 방법이 없다는 것이다. 어린 나이인데 혼자 격리시킬 수도, 그럴 장소도 없다. 딸과 사위는 동시에 다 같이 확진되자는 어이없는 결론을 내렸다. 그것도 시차를 두고 확진되게 하지 말고 동시에 걸려야 한다는 것이다. 곰곰 생각해 보니 타당성 있는 결론이라는 생각이 들었다. 정상인이 스스로 병에 걸리는 희한한 일이 가장 합리적인 대책이 된 것이다. 그날, 2학년인 막내의 확진을 시작으로 이틀 사이에 네 가족 모두 확진자 숫자에 올라갔다.

그런데 더 큰 문제에 봉착했다. 몸이 아픈 고통도 고통이지만 그것보다 먹고 사는 것이 문제였다. 그렇다고 네 식구가 일주일 넘게 매끼 시켜 먹을 수도 없다. 아내가 아이들이 좋아하는 반찬 등을 준비해 주면 내가 2~3일에 한 번씩 35분간 운전하여 동해까지 배달했다. 귀여운 손녀들이 열이 오르며 아파하는데도 얼굴도 보지 못한 채 대문 앞에 음식을 두고 돌아서는 마음이 너무 안타까웠다.

지난해 찬바람과 함께 아들부터 찾아온 코로나는 금년 봄, 먼 산의 봄눈과 함께 6명의 가족에게서 멀어져가고 아직 나 혼자만 독야청청이다. 그렇다고 남달리 조심하거나 관리하지도 않는다. 너무 겁이 없고, 신경 쓰지 않고 막 돌아다닌다고 아내에게 늘 얘기까지 듣는다.

문득, 길 위의 한 포기 이름 모를 잡초가 생각났다. 수많은 발바닥과 억센 차바퀴에 밟히고 깔려도 다시 벌떡 일어나는 것처럼, 먹을 것 없던 가난한 시절에 시골에서 위생 관념 없이 아무 것이나 주워 먹으며 자라서 면역력이 강해졌기 때문이라면 지나친 억측일까?

아직 코로나에 걸리지 않은 사람들을 '대단하다. 이상하다.'고 하는 현실이 영화 속의 대화가 아니다. 과학자들은 가까운 시간 내에 더 강력한 새로운 전염병이 지구를 덮을 가능성을 예고한다. 아니, 전염병을 넘어 어떤 상상하지 못할 현상이 이 땅에 바짝 다가와 있다는 생각이 든다.

놀라운 일에 놀라지 않는 세상이 되었다. 가뭄과 홍수, 한파와 폭염, 빙하가 녹아내리고 방화가 아닌데도 대륙 곳곳이 검은 산불 연기로 덮여 간다. 인간이 스스로 만든 재앙이라고 하기에는 풀리지 않는 수수께끼다.

몸의 한 곳의 작은 문제는 온몸에 영향을 미치고, 정상 컨디션이 무너지면 삶 전체가 흔들린다. 분명 지구의 리듬이 깨지고 있다. 이러다가 먼 밤하늘에 하얀 선을 그으며 사라지는 별똥별처럼 지구라는 별도 그렇게 사라질지 모를 일이다.

마스크를 벗어 던지고 풀벌레 소리가 들리는 들판에 앉아 먼 하늘에 반짝이는 별을 다시 바라보고 싶다.

마지막 주례사

"주례사를 하기 전에 신랑 신부에게 질문 하나를 하겠습니다. 다음 제시하는 네 개의 단어 중 다른 하나를 고르기 바랍니다."

주례사를 시작하자마자 던진 질문에 식장 안은 폭풍 전야 같은 긴장감이 흘렀다. 하객들이 여기저기서 수군거리며 조용하게 흔들린다.

"자. 시작합니다. 잘 들으세요. 고래, 사슴, 고릴라, 고추."

신랑 신부에게 예고 없이 생뚱맞게 4지 선다형 문제 하나를 던졌다. '뭐 저런 주례사가 있어?' 하는 듯한 분위기다.

2019년 5월의 어느 토요일, 내가 마지막으로 선 주례였다. 그 날의 신부는 나를 무척 따랐다. 딸의 대학 한 해 후배로 둘이 자매처럼 가까이 지내는 초등학교 교사다. 어려운 환경에도 두터운 신앙심과 반듯하게 살아가는 삶의 모습이 참 대견하다고 늘 생각하던 아이였다.

한 번 더 단어들을 반복해 준 후, 바로 신랑을 바라보았다.

"예. 저는 고래인 것 같습니다."

"왜 고래가 답인가요?"

"예. 나머지는 다 육지에 있지만 고래는 바다에 살고 있습니다."

몇 분이 고개를 끄덕인다. 모든 시선이 다시 내게 집중된다.

"예. 좋습니다. 그럼 신부는 무엇이라 생각하나요?"

"예. 저는 고릴라라 생각합니다."

"왜 그렇습니까?"

"모두 두 글자인데 고릴라는 세 글자입니다."

기발한 대답에 하객들의 웃음과 감탄이 섞여 나오며 예식장은 또 다시 흔들리기 시작했다.

"조용히 해 주세요. 그럼 이번에는 하객 여러분에게 기회를 드립니다. 어느 분이 다른 답이 있으면 대답해 보세요."

앞줄에 앉은 신부의 친구가 손을 반쯤 들며 '사슴'이라고 대답했다. 이유가 무엇이냐니까 다른 것은 첫 글자가 '고'로 시작되지만 사슴만 첫 글자가 다르단다. 하객들은 옆 사람과 마주보며 다양한 표정을 짓는다.

또 다시 질문을 하려는데 뒤쪽의 신랑 친구쯤 보이는 청년이 손을 번쩍 들며 '저요.' 한다. 하객의 시선이 뒤로 쏠리자 '고추'라고 소리친다. 그리고 이유를 묻기도 전에 다른 셋은 동물이지만 고추는 식물이라고 외친다.

제시한 4가지 단어 모두 답으로 나왔다. 그렇다면 정답은 무엇인가? '네 개 중 다른 하나'를 고르라고 했으니 모두가 정답이다. 그리고 각각 정답의 이유 또한 너무 타당하다. 진정이 필요하여 잠시 말을 끊었다. 이내 조용해진다.

"오늘 결혼하는 두 사람에게 이 질문의 답으로 주례의 메시지를 던지려 합니다. 보는 각도에 따라 네 가지의 답이 모두 정답인 것처럼, 삶 속에서 내 생각만 옳은 것이 아니라 상대의 생각도 정답이라는 사실을 인정하는 지혜로운 부부가 되기 바랍니다. '틀림'이 아니라 상대의 '다름'을 인정하는 것에서 사랑이 시작되고, 그 사랑은 곧 행복한 삶을 엮어 갈 것입니다. 성경에도 나오듯 상대를 존중하는 것이 나를 존중하는 것이며 이것이 곧 진정한 사랑입니다. 이 질문과 답의 교훈을 늘 가슴에 새겨 주위의 고마운 분들에게 감동을 주는 삶을 엮어 나가기를 기대합니다."

이어서 성경 고린도 전서 13장의 몇 구절 말씀을 인용하며 예수님이 우리에게 보여주신 그 사랑으로 서로 그늘을 드리우며 먼저 그의 나라와 의를 구하는 참 신앙인의 삶을 살기를 기대한다는 메시지를 던지며 주례사를 마무리했다.

40대 초반에 벽지학교 평교사로 근무할 때, 서울 롯데호텔에서 제자의 첫 주례를 시작으로 지금까지 열두 번의 주례의 자리에 섰다.

첫 주례를 계기로 나만의 확실한 주례의 기준을 설정했다. 직접 가르친 제자, 친한 친구의 자녀, 함께 근무했거나 근무하고 있는 교사라는 세 가지 중에 하나라도 해당되지 않으면 절대 주례를 서지 않겠다는 결단이었다. 단, 이 기준을 갖추지 못할지라도 신랑과 신부 둘 다 잘 알고 확실히 신뢰할 수 있는 경우는 예외로 했다. 그때부터 마지막 주례까지 단 한 번도 이 기준을 어기지 않았다.

언젠가 아내가 식탁에서 '우리가 사는 이 세상에 없는 세 가지가 무엇이냐?'는 질문을 했다. 너무 방향이 막연하고 폭이 넓다고 하니 물론 그렇단다. 그래도 혹시 뭐 떠오르는 것이 있으면 말해 보란다. 아무리 생각해도 답이 떠오르지 않아 정답을 모르겠다고 했다.

아내는 바로 그것, 정답이 없는 것이 정답 중의 하나란다. 다시 생각해 보았다. 세상 대부분의 일에는 정답이 없다. 나머지 두 가지도 생각해 보라며 시간을 주었다. 역시 캄캄하다. 시간이 흘러도 답이 나오지 않자 둘째 답은 '공짜'란다. 그리고 마지막 하나는 '비밀'이란다. 너무 공감이 된다. 우리가 사는 세상엔 공짜가 없고, 비밀이 없고, 정답이 없다. 세상의 모습을 다시 생각하게 하는 명답 중의 명답이다.

정말 인생에 정답이 없을까? 각자가 꿈꾸는 세상이 다르고, 가슴에 그려나가는 자신의 그림이 다르다. 하지만 누구나 가져야 할 정답이 있다. 꿈과 사랑이다. 꿈과 사랑은 인간만이 갖는 가장 고귀한 삶의 가치다. 삶은 사랑의 마음을 품고 꿈을 향해 달려가는 긴 여정이다.

결혼 생활도 모범 답안이 없다. 때로는 기쁨의 환호성을 지르며 얼싸안지만 후회와 실망으로 마음의 상처를 입고 돌아누워 한숨만 쉬기도 한다. 그러나 그 후회와 실망도 기대의 대상, 곧 사랑하는 사람에게 일어나는 감정이라면 잃었던 미소를 되찾을 수 있다. 그것이 사랑이다.

브람스는 평생 독신으로 살았다. 그는 자신의 삶을 돌아보며 한마디로 감회를 얘기했다. 자유로웠지만 고독했다고….

고독한 삶은 와이파이 없는 스마트폰 같다. 어깨를 부대낄 사람이 있어야 한다. 그 사람 중 가장 가까운 사람이 부부다. 결혼은 두 사람이 서로 신뢰하며 사랑으로 얼싸안고 꿈을 향해 달려가는 의미 있는 발걸음이다.

오랫동안 기억에 남는 그날의 결혼식, 고개를 끄덕이며 이어지던 박수 소리가 나이를 핑계 삼아 꿈을 잊고 어슬렁거리던 마음을 다시 깨운다.

두부와 마트 주인

 순두부찌개, 두부전골, 두부 지짐 등 두부를 재료로 하는 요리는 무엇이든 다 좋아한다. 따끈따끈한 생 두부를 초장에 찍어 한 입 먹을 때의 그 담백하고 구수한 맛은 생각만 해도 군침이 돈다. 여럿이서 가볍게 식사를 하러 식당에 가면 내 메뉴는 고를 것도 없다. 두부로 만든 음식만 시키면 무엇이든 오케이다.
 아파트 단지 안의 마트에 두부를 사러 자주 간다. 아내가 아침 식사 준비와 출근 준비에 정신이 없으니 두부 사 오는 일은 늘 내 몫이다. 그런데 가게에 들어설 때마다 마음이 편치 않다. 나보다 서너 살 아래인 주인 때문이다.
 '안녕하세요.' 하며 가게 문을 열고 들어가면 아무 반응이 없다. 버릇처럼 곁눈질로 흘끗 쳐다보는 것이 전부다. 두부 한 모를 달라고 하면 아무 말 없이 자루 없는 식칼을 든다. 그리고 한 모를 잘라 검은 비닐봉지에 담아 한 손으로 건넨다. 단지 그것뿐이다.

아파트 분양을 받고 함께 들어왔으니 벌써 10년이 넘었다. 그 오랜 세월 동안 들락거려도 표정은 한결같다. 통성명도 없었고 특별히 말도 하지 않았다. 10년이란 세월에도 그냥 가게 주인일 뿐, 마음의 이웃은 전혀 되지 못했다.

처음에는 좀 친해지려고 이런저런 이야기를 건넸다. 하지만 늘 그렇다. 빤히 쳐다보며 마지못해 하는 대답은 오 엑스나 단답형 뿐이다. '세상에 뭐 저런 사람이 있어?' 하다가 '그래. 나도 똑같은 사람이 되지 말아야지.' 하며 스스로 마음을 다독여도 불쑥불쑥 화가 치밀며 오른다. 나이도 내가 몇 년 위인데….

몇 번을 시도해도 변함이 없어 나도 입을 닫기로 마음먹었다. 그런데 영 마음이 찜찜하다. 이건 아니라는 생각이 자꾸 들었다. '그래, 내가 이해하고 품어야지. 그 양반 원래 성격이 그렇겠지.' 나로선 과감한 결단을 했다. 그리고 더 밝은 표정으로 인사를 하기 시작했다. 날씨 얘기도 하고, 장사가 잘 되느냐고 묻기도 했다. 그래도 여전하다. 표정은 변함없고 부부싸움을 하고 나온 사람같이 퉁하게 필요한 말만 한다.

더 이상 두부를 사러가지 않겠다는 생각도 해 보았다. 하지만 내 목이 마르니 우물을 파지 않을 수 없다. 무슨 한 맺힌 원수 사이라고 먼 거리 가게까지 가서 두부 한 모를 사 올 수는 없는 일 아닌가. 가게가 아닌 단지 내에서 얼굴을 마주치는 경우도 종종 있었지만 서로 모른 척하며 지내는 쓸데없는 자존심 버티기가 시작되었다. 아니, 나 혼자만 마음을 지지고 볶았다.

　마트에 가기 싫은 이유는 또 있다. 그분이 잘라주는 두부모 때문이다. 아침 일찍 들어서면 대체로 첫 손님일 때가 많다. 자연히 두부 모판의 가장 구석자리의 두부모를 받아 든다. 두 변과 모서리가 찌그러져 있다. 크기는 분명 같을 것이다. 그런데도 줄 돈 다 주며 엄청나게 손해 보는 것만 같다.

　칼로 차례대로 잘라 비닐에 담아 주는데 두부모의 순서를 어기고 가운데 반듯한 것을 달라 할 수도 없고, 들어선 문을 닫고 그냥 나올 수도 없다. 그렇다고 몇 사람들이 먼저 사 갈 때까지 밖에서 서성거릴 수는 더욱 없다. 어쩌다 앞에 다녀간 사람이 몇 있어 반듯한 가운데 두부를 살 때는 괜히 기분이 좋다.

　돌아보면 정말 말도 안 되는 일로 말도 안 되게 마음을 빼앗겼다. 하잘 것 없는 작은 일에 마음이 흔들리고 때로는 심각해지는 모습, 툭 털면 될 하잘 것 없는 일을 끌어안고 식식거리며 살아가는 모습, 그것이 한때의 내 모습이었다. 그것이 현대인의 한 단면이라는 생각이 든다. 그렇게 우리는 버리지 못하는, 아니 버릴 수 없는 달팽이 집처럼 좁은 집 안에 갇혀 불편한 모습으로 살아가는 데 익숙해져 간다.

　내가 먼저 마음을 열어야 한다. 칭기즈칸도 '담을 쌓으면 망하고, 길을 내면 흥한다.'고 했다. 내 앞으로 지나치지 못하게 앞사람 뒤에 바짝 붙어 줄을 설 것이 아니라 언제든지 내 앞을 지나가게 길을 열어 주어야 한다.

이사를 하고 10여 년 만에 과거에 살던 아파트 부근에 갈 일이 있었다. 문득 그 마트 주인이 생각나 잠시 들렀다. 아파트도, 마트도, 화단의 나무도 그대로 있었지만 무뚝뚝한 마트 주인의 모습은 보이지 않았다. 5년 전에 이사를 가고 없단다. 악연도 세월 속에 섞여 추억이 되고 빈자리는 왠지 낯선 쓸쓸함으로 남는다.
 지금도 어쩌다 두부를 살 때마다 오래전의 그분이 생각난다. 지금은 70을 바라보는 나이가 되었을 것이다. 어디에 어떤 모습으로 살고 있는지 알 수 없지만 잘 살았으면 좋겠다는 생각이 든다. 언제 다시 만난다면 지난날의 마음들을 솔직히 털어놓고 같이 웃고 싶다. 그리고 다정한 이웃으로 함께 걸어가고 싶다.

길 끝에서

먼 길을 힘들게 걸어왔다. 이제 올라갈 수 없는 길 끝 정상이다. 발길을 멈추고 그루터기에 걸터앉아 지친 다리를 쭉 편다. 향긋한 커피 향이 온몸을 휘감으며 몸도 마음도 시원하다.

고개를 들고 걸어온 길을 돌아본다. 곧은 길, 굽은 길 위에 수많은 발자국의 기억이 영롱한 구슬처럼 이어져 있다. 때론 어설프고 때론 힘찼던 시간들, 모두가 아름다운 추억이고 사랑이었다. 어깨를 나란히 하고 걸어준 가족들과 주위 분들의 온기가 따뜻하게 감싼다. 참새 한 마리도 하나님께서 허락하지 않으면 그냥 떨어지지 않는다고 했는데, 그 오랜 세월을 나와 가족을 사랑으로 지켜주시고 걸음을 인도해 주신 하나님이 감사하다.

바람이 스친다. 걸어올 때는 느끼지 못했던 부드러운 촉감이 온몸의 찌꺼기들을 몰아간다. 주위를 둘러선 나무들이 처음 보는 듯 가슴 설레게 한다. 큰 나무, 작은 나무 그리고 그 옆에 겨우 어깨를 끼워 서 있는 연약한 나무들까지 모두 정겹다. 아름다운 정원의 장미와 자리를 바꾸지 않으려는 이름 모를 야생화는 손녀의 해맑은 미소 같다. 이 잠시 동안의 휴식이 여유롭고 행복하다.

저 멀리 능선을 따라 푸른 하늘이 걸려 있다. 구름 한 점 없는 푸른 도화지다. 붓 가는 대로 깨끗한 도화지 위에 그림을 그리고 싶어진다. 이내 가슴 속의 작은 조각들을 하나둘 백지 위에 옮긴다. 색상은 다양하지만 모두 사랑이 짙게 배어난다. 뒤뚱거리며 걷던 아이들 모습이 귀엽게 다가온다. 하찮은 일로 팽팽하게 맞섰던 친구의 모습도 있다. 어릴 때 화로에 밤을 구워 먹여 주시던 할머니의 거친 손길도 어렴풋이 다가온다.

사랑하지 않을 것이면 떠나고, 떠나지 않을 것이면 사랑하라고 한 어느 교수의 말이 문득 떠오른다. 그렇다. 사랑이다. 저 푸른 백지 위에 사랑의 언어로 가득 채우며 내 삶을 새롭게 디자인하고 싶다.

알렌 코헨은 인생이 흔들리는 이유는 오직 하나, 내 인생이 남의 지문으로 가득하기 때문이라고 했다. 문득 손을 들어 지문을 바라본다. 희미해진 손금처럼 내 인생에 남의 지문은 거의 사라졌다. 현재를 포기하지 못했던 단단한 나만의 틀도 모두 사라졌다. 지금까지 작업한 것을 다 잃는다는 생각에 리셋 버튼을 누르지 못했던 시간의 아쉬움도 모두 넘어섰다.

행복하지 않았던 날은 단 하루도 없었다고 헬렌 켈러가 말했다. 돌아보니 가슴을 부글부글 끓이며 식식거렸던 시간들도 결국 내 편이었다. 지난 39년 11개월의 시간들이 가르쳐 준 의미다. 가슴 벅찬 새로운 도전 의욕이 꿈틀거린다. 그것은 치열한 승부를 위한 도전이 아니라 조용하게 나로 돌아가는 가슴 설레는 소망이고 꿈이다. 사랑에 대한 열정이다.

알아야 면장을 하지

 오랜만에 몇 친구들이 모였다. 이젠 몸이 예전 같지 않다는 얘기를 시작으로 학창 시절 얘기에서 정치 얘기까지 화제는 카멜레온 같이 번져간다. 무질서하게 이곳저곳 떠돌던 이야기가 갑자기 코인으로 흘렀다.
 어느 친구가 자신 있는 듯 코인의 개념을 설명한다. 아들에게 자세히 설명을 들었는데도 알 듯 말 듯 아리송하다. 금융지식이 얕아서인지 정확한 개념이 잡히지 않는다. 설명을 계속하는데 약방의 감초 같은 친구가 목소리를 높이며 끼어든다.
 "이봐! 그게 정확한 개념이 아니야. 뭘 알아야 면장을 하지!"
 "뭐가 잘못되었는데? 그래서 잘 들어야지. 그렇게 말하는 너는 반장이나 할 수 있냐?"
 목소리들이 거센 파도를 탄다. 끼어들 수밖에 없는 상황이 되었다.

"그러다 싸우겠다. 진정해. 별것 다 가지고 흥분하네. 그런데 알아야 면장을 한다는 말의 뜻이 뭔데?"

"너는 면장도 모르냐?"

화살이 갑자기 내게로 향한다.

"그래? 면장이 뭔데?"

어이가 없다는 듯 씩 웃는다. 그 사이에 흥분이 가라앉고 분위기는 다시 제자리로 돌아왔다. 나이가 든 데다 거친 강릉 말이라 평상시 말투가 싸우는 듯하다. 그렇게 싸우듯 서로 태클을 걸다가도 이내 허허 웃고 아무렇지 않게 돌아온다.

평생 우리말을 가르치며 살아서인지 잘못된 말을 들으면 그냥 넘어갈 수 없다.

"조용히 해 봐. 다 같이 공부 좀 할래?"

"야! 이 나이에 무슨 공부야. 여기가 학교인 줄 알아?"

"그게 아니라 좀 들어 봐."

우리가 흔히 말하는 그 면장이 아니라고 말했더니 갑자기 조용해진다. '알아야 면장을 하지.'의 면장은 동장, 읍장, 시장 등 행정기관의 장으로서의 면장을 뜻하는 말이 아니다. 그런데도 거의 모두가 행정 구역의 면장으로 이해하고 사용한다.

이 말의 출발은 공자와 그의 아들 백어와의 대화로 거슬러 올라간다. 공자가 백어에게 '너는 주남(周南)과 소남(召南)을 배웠느냐고 묻고는 만약 배우지 않으면 바로 담장(牆)을 정면으로 마주하는 것과 같다고 한 말에서 유래한다. 알아야 면장(免牆)을 할 수 있다는 말은 알아야 담장을 면한다, 곧 모르면 자신 앞을 막고 있는 담장을 허물 수 없다는 교훈을 담고 있는 말이다.

누구나 자신만의 담장을 가지고 있다. 단단한 담장을 끌어안고 한숨 쉬며 그 담장을 헐어 내기 위해 끝없이 머리를 부딪치며 살아간다. 우리의 삶은 자신 앞에 놓인 그 담장을 허물기 위한 힘든 노력의 과정이다.

막히면 고인다. 고이면 썩는다. 정형의 틀 속에 자신을 가두어 사는 데 익숙해지면 허술한 담장도 헐어 내기가 결코 쉽지 않다. 열심히 공부하겠다고 작정하면서도 은근히 정전이 되기를 바랐던 학창 시절의 어느 순간처럼, 자신의 담장 헐어 내기는 이런저런 합리적 핑계 앞에 늘 가로막힌다. 그러다 결국 돌파구 없는 담장에 갇혀 허우적거리기도 한다.

'내 앞에 담장은 얼마나 많을까? 그중에 가장 높은 담장은 무엇일까?' 오늘도 그 담장을 헐기 위해 먼지 앉은 책장 앞에 다시 선다.

가시나무새

내 속엔 내가 너무도 많아, 당신의 쉴 곳 없네.
내 속엔 헛된 바램들로 당신의 편할 곳 없네.
내 속엔 내가 어쩔 수 없는 어둠, 당신의 쉴 자리를 뺏고
내 속엔 내가 이길 수 없는 슬픔, 무성한 가시나무 숲 같네.
바람만 불면 그 메마른 가지, 서로 부대끼며 울어대고
쉴 곳을 찾아 지쳐 날아온, 어린 새들도 가시에 찔려 날아가고
바람만 불면 외롭고 또 괴로워, 슬픈 노래를 부르던 날이 많았는데
내 속엔 내가 너무도 많아서, 당신이 쉴 곳 없네.

지난해 크리스마스 축제날이었다. 교회에 CCM 가수 장한이 사모님이 오셔서 「가시나무새」를 열창했다. 가사의 한마디 한마디가 심연을 울려, 전율이 온몸을 타고 흘렀다. 살아오면서 수없이 많은 노래를 들어왔지만, 그렇게 큰 울림을 안겨준 것은 처음이다.

그 후, 입가엔 늘 가시나무새의 노랫말이 맴돌았다. 내 속에 내가 너무 많다. 나이가 들면서 그런 느낌은 더욱 뚜렷해진다. 젊을 때는 잘 보이지 않던 또 다른 내가, 마음 깊은 곳에서 문득문득 고개를 든다.

가시나무새는 켈트(기원전 1,000년경에서부터 기원 후 500년경까지 유럽 중부와 서부에 거주하던 종족) 신화에 나오는 상상의 새다. 이 새는 평생 뾰족한 긴 가시가 박힌 가시나무를 찾아 헤맨다. 그렇게 애타게 찾다가 가시나무를 발견하면 좌우를 돌아보지 않고 나무를 향해 돌진한다. 결국 가시나무새는 가슴에 큰 가시가 꽂힌 채 삶을 마감한다.

왜 그렇게 죽어갈까? 오직 세상에서 단 한 번 가장 아름다운 노래를 부르기 위해서란다. 아름다운 노래 한마디를 위해 가슴이 찔려 죽는 고통도 기꺼이 감당하는 것이다. 보통의 머리로는 상상이 불가능한 한 편의 만화 같은 전설이다.

순수하고 숭고한 사랑을 상징하는 가시나무새는 극한의 고통 속에서도 자신의 꿈을 추구한다. 그 순수함과 목표를 향한 열정에 자못 연민의 정이 느껴진다. 많은 사람들은 이 새를 통해 '죽음, 순수, 사랑, 삶' 등의 단어들을 연상하며 진솔한 자신의 모습 앞에 선다.

오스트리아 작가 콜린 매컬로는 이 전설을 바탕으로 『가시나무새』라는 소설을 썼다. 가톨릭 신부 랠프와 여주인공 매기 클레어리의 40년간 금지된 사랑을 가시나무에 빗대어 고통과 아픔

속에서도 피어나는 아름다운 사랑을 그려 나간다. 그냥 그렇게 살아가던 사람들의 감성을 자극한 이 소설은 독자들의 가슴을 파고들며 이내 베스트셀러가 된다.

바람이 불면 메마른 가지가 서로 부대끼며 울어대는 그곳엔 평안이 없다. 사랑도 없다. 어둠과 슬픔의 그늘만 가득하다. 지친 날개를 접고 잠시 쉴 수 있는 공간 역시 찾을 수 없다. 모든 것이 내 속에 내가 너무 많기 때문이리라.

무엇을 얻는 것은 다른 무엇을 잃는 것을 의미한다. 그래도 우리는 끝없이 무엇인가 얻으려고 오늘도 지친 몸으로 힘들게 달려간다. 남들에게 선한 영향력을 미치지도 못하는 일에 빠져 어리석게도 자신의 소중한 무엇인가를 잃어간다.

세종은 건강을 해치면서도 훈민정음을 창제하는 등 백성들에게 선한 영향력을 남겼다. 가시나무새는 세상에서 가장 아름다운 노래를 남기겠다는 소망 하나로 자신의 목숨을 버렸다. 그런데 나는 지금까지 무엇을 남겼는가? 어떤 사랑을 안고 달려왔고 무엇을 향해 돌진하고 있는가? 내 속에 또 다른 나는 어떤 모습인가?

삶의 승패는 내 속에 무엇이 있느냐에 달려 있다고 한다. 인생의 길 끝에서 나는 다시 여백 앞에 선다. 그리고 그 여백에 어떤 그림을 그려 나갈지를 생각한다. 피카소는 팔기 위해 그림을 그리는 사람은 기술자이고, 그리기 위해 파는 사람은 화가라고 했다.

'조금만 더'하며 욕심낼 이유도 없고, '조금 더 있다가' 하며 기다릴 시간도 없다. 내 속에 너무 많이 남은 나! 내게 필요한 것은 복잡한 스토리가 아니라 사랑으로 채울 수 있는 여백이다.

 나를 깨끗이 비우고 길 끝, 그 너머의 빛을 향해 천천히 발걸음을 옮긴다. 그 길이 좁은 너덜길일지라도 후회 없는 나만의 발자국을 남기기 위하여….

8년 만에 이룬 꿈

 매주 한두 번씩 산행을 시작한 지 1년을 넘어섰다. 그렇게 산과 가까워지던 어느 날, 정년퇴임 후, 첫 번째로 하고 싶었던 일이 문득 떠올랐다. 아파트 안에 진달래가 여덟 번이나 피었다 질 때까지 이런 제목과 저런 이유로 미루던 꿈을 더 이상 미룰 수 없어 당장 실행하기로 결단했다.

 다음 날 아침, '해파랑길' 39-45코스 89.5km의 도전에 나섰다. 경포호수에서 속초 영랑호까지 1박 2일에 완주하는 코스다. 퇴임을 할 때는 해파랑길 종점인 통일 전망대까지 3박 4일을 작정했었지만 8년이란 세월이 하루를 삼켰다.

 해파랑길은 부산 '오륙도 해맞이공원'에서 고성 '통일 전망대'까지 총 50개, 750km에 달하는 국내 최장의 트레일 코스다. '태양과 걷는 사색의 길'로 불리는 이 길은 2016년 완공 이후 전문가는 물론 일반인들에게 폭발적 인기를 얻고 있는 곳이다. 부분적으로 국도와 겹치는 곳도 있지만 파도 소리를 들으며 해안 절경을 한눈에 담고 걸을 수 있는 환상의 코스다.

7시 30분에 출발한 첫발 앞에 다가온 처참한 장면은 설레는 가슴을 싸늘히 식혔다. 3일 전, 강릉 경포 주변을 휩쓴 산불로 울창한 송림은 검은 나무 기둥만 남았고, 화려했던 펜션들은 모두 유령의 집이 되었다.

순간, 2019년 식목일 날, 온 나라를 들썩였던 산불의 악몽이 되살아났다. 어린 나를 포근히 감싸 주었던 정겨운 고향 집과 13채의 이웃집들이 한순간에 흔적도 없이 잿더미 속으로 사라졌던 기억이 가슴을 훑어냈다.

안타까운 마음을 쪽빛 바다에 던지고 발길을 옮겼다. 싱그러운 봄 향기, 시원한 파도 소리, 백사장에 부서지는 흰 포말은 한 조각 남아 있던 마음의 찌꺼기들을 모두 쓸어간다. 순이네와 영희네 집 울타리를 물들인 영산홍과 이름 모를 야생화들, 초록 초록한 새싹들, 시큼한 바다 냄새까지 모두 따뜻한 길동무가 되어 주었다.

한 발 한 발 옮기며 내가 살아온 수많은 날의 발자국을 반추해 보는 시간이 너무 좋다. 젓가락으로 마당의 개미집을 파헤치던 때부터 바위산을 오르던 엊그제까지의 일들이 저 멀리 백두대간의 능선처럼 이어진다. 나만의 명작을 아직 완성하지는 못했지만 큰 후회나 걸림 없이 걸어온 길이 너무 감사하다.

사천 해변을 지나 송림 속 벤치에 앉아 아내가 챙겨준 삶은 계란과 과일을 먹으며 잠시 신발을 벗었다. 때늦은 불씨였지만 그 불이 내 안의 어둠을 태우고 있다는 생각이 든다.

낯익은 연곡천과 아름다운 영진 해변을 지나 갈매기가 유난히 몰려드는 주문진항에 도착했다. 배가 고프다. 여기저기 두리번거리다가 한식 뷔페집이 눈에 띄어 들어갔다. 4시간을 걸었더니 종아리가 뻐근하다. 시골에서 자라 십 리 길 초등학교 때부터 걷는 것엔 자신이 있었는데 어느새 몸은 생각 저 뒤에 있다.

'한국의 나폴리'라 불리는 남애항의 매혹적인 풍경을 몇 컷의 사진으로 남기고 떨어지지 않는 발걸음을 옮겨 인구항에 도착했다. 죽도 전망대 밑 절벽 사이로 놓인 철제 데크길 발밑으로 쪽빛 바다의 푸른 숨결이 발걸음을 잡는다. 잠시 땀을 식히고 죽도 바위의 절경 사이를 한 바퀴 돌아 나왔다.

마침 전망 좋은 카페가 눈에 들어왔다. 커피 한 잔을 시켜 백사장 옆 파라솔 밑에 앉았다. 이 추운 날씨에도 차가운 바다 위, 푸른 심장을 파도 위에 싣고 물 위를 질주하는 젊은이들의 모습들, 파도와 하나 되는 그들의 열정과 자유로움이 부럽기만 하다.

잠시 산길을 지나 오후 5시 30분에 '38휴게소'에 도착했다. 지난날, 7번 국도서 가장 인기 있었던 38휴게소가 고속도로 개통 후 전망 좋은 휴양지의 일부가 된 듯 썰렁하다. 수수부꾸미를 시켜 단숨에 3개를 먹고 1일차 목적지 하조대로 향했다.

하조대는 한 번 거치면 10년이 지나도 그 얼굴에 산수자연의 기상이 서려 있다고 기록될 정도로 해안의 풍경이 절정을 이룬다. 고려 말 하륜과 조준이 숨어 살면서 올랐던 하조대 정자에 잠시 걸터앉아 그들의 삶의 모습을 쫓다가 바닷가 어느 호텔에 도착했을 때 저녁노을이 백두대간을 넘고 있었다.

 아직은 피서철이 아니라 식당이 썰렁하다. 1인 메뉴는 선택의 여유가 없어 순두부찌개를 시켜 먹고 나니 피곤이 온몸을 휘감았다. 하지만 하조대의 봄밤은 피곤한 나를 해변으로 바로 끌어냈다. 짙은 해무로 희뿌연 넓고 텅 빈 백사장, 그 가운데 나는 홀로 멍하니 서 있었다.

 높은 전신주에서 넓은 백사장을 향해 뿌리는 두 줄기 불빛이 짙은 해무에 흠뻑 젖었다. 달력 속에서도 찾을 수 없는 환상적 장면이다. 8시간 넘게 5만 2천 보를 걸어 다리가 천근이었지만 하조대의 밤은 나를 오래 백사장에 세워 두었다.

 시간이 얼마나 흘렀는지도 모른다. 쌀쌀한 바닷바람이 등을 밀었다. 호텔 5층의 전면 창문을 가득 채우는 백사장과 가로등 불빛, 어렴풋 보이는 밤바다 풍경에 눈을 감을 수 없다.

 잠깐 바라보고 있었는데 갑자기 창문이 환하다. 동이 트며 바다가 붉게 물들기 시작했다. 일출이다. 늘 바라보던 동해 일출이지만 5층 호텔방에서 맞는 일출은 정말 매혹적이다.

 종아리에 파스를 붙이고 둘째 날 첫발을 디뎠다. 출발 1시간에서 2시간 사이는 무척 힘들었다. 하지만 곧 버릇처럼 그냥 발걸음이 옮겨졌다. 옛 2차선 도로를 걷고 경치도 별로 없는 동호해변까지는 좀 지루했다. 30분쯤 걸어 나오니 바닷가에 카페가 보였다. 커피 한 잔을 마시는데 몸은 괜찮으냐고, 절대 무리하지 말고 힘들면 버스타고 나오라는 아내의 카톡이 수시로 온다.

양양 솔비치를 지나 시원한 낙산대교에 올랐다. 연어로 유명한 양양 남대천과 쪽빛 바다, 깨끗한 백사장이 어우러진 풍경이 멀리 설악산 대청봉과 멋진 조화를 이룬다. 낙산 해변에 도착하여 회덮밥을 시켜 먹으며 잠시 쉬었다가 다시 속초로 향했다.

설악 해변을 지나 설악산 입구 물치로 향하는 데크 길은 이틀간의 코스 중에 가장 아름다운 구간이다. 길옆 몽돌 해변에서 들려오는 자글거리는 파도 소리에 한참 넋을 놓고 앉아 있었다 대포항을 돌아 외옹치 리조트 밑 데크 길로 접어들었다. 속초에 올 때마다 즐겨 찾는 곳이지만 내게는 언제나 처음이다.

끝없이 셔터를 누르는 사이에 어느새 속초해변이다. 많은 관광객들이 나름대로의 포즈로 봄 바다의 매력에 빠져들고 있었다. 잠시 그 모습들을 바라보다가 해변을 따라 '아바이 마을'에 이르러 높은 설악대교에 올랐다.

갯배 나룻 터가 있고, 좌측으로는 청초호와 멀리 설악산 울산바위, 우측으로는 동해 바다가 펼쳐진 모습을 연속으로 카메라에 담으며 마지막 코스 영랑호로 향했다. 저녁노을에 물들어 가는 영랑호가 너무 평화롭고 아름답다.

드디어 해냈다. 감격이 몰려온다. 8년 만에 이룬 꿈! 막내 동생은 하루 만에 걸었다지만 고희를 넘긴 내겐 마치 하늘의 별자리를 밟고 온 듯 벅찬 길이었다. 단순한 걸음이 아니라 세월을 넘어선 도전의 서사시였다. 가슴 깊이 밀려오는 기쁨을 주체할 수 없다.

이틀 간 15시간 59분 걸었다. 첫날 51,850보라는 전무후무한 기록을 남기며 총 101,711보의 발걸음을 마감했다.

버스에 몸을 싣고 고개를 돌렸다. 멀리, 또는 가까이 이틀간 걸었던 길이 정겹게 차창 밖으로 스쳐간다. 바다와 백사장과 붉은 영산홍은 어제 그대로의 모습이지만 걸어왔던 그 길은 새로운 의미로 가슴에 차곡차곡 쌓인다.

수없이 옮겼던 발자국들이 쌓여 다양한 색상과 질감을 나타내는 나만의 멋진 그림을 그렸다는 사실이 너무 소중하게 느껴진다. 길 끝에서 새 길을 보았다. 가슴이 벅차다. 작은 것이 모여 큰 의미를 이루어 가듯 그렇게 날마다 새로운 길을 걷고 또 걷고 싶다.

산이 많아졌다

낚시꾼은 물속을 응시하고, 심마니의 눈은 잎사귀를 향한다. 도사린 뱀은 개구리를 주시하고, 구멍 앞에 쭈그린 고양이는 생쥐를 노린다. 목적을 위한 집중이다. 이런 집중력은 관심의 크기에 따라 달라진다.

최근에 내 시선은 온통 산을 향한다. 매주 한두 번 산에 오르기 시작한 지 2년 반이 지났다. 그동안 오른 산만 100개가 넘는다. 주위 사람들은 그 나이에 대단하다고 하지만 그렇지 않다. 80대 어르신들 중 내 앞에 서서 더 높은 곳까지 오르는 분들도 많다.

산에 다니기 시작했을 때였다. 쌀쌀하고 궂은 날씨에 오래 산에 오른 분들을 따라 신발 끈을 조이고 겁 없이 스틱을 단단히 잡았다. 날씨만 좋았으면 가능했을 텐데 비옷을 입고 밧줄을 잡고 물먹은 바위산을 오르는 것은 끊긴 다리 위에 바람만 잡고 선 것 같았다. 아차 하는 생각이 들었지만 어쩔 수 없이 가야만 했다.

나무에 기대어 점심을 먹으며 2시간 30분간의 사투 끝에 드디어 1,350m 정상에 섰다. 주저앉고 싶어도 앉을 자리도 없다. 출발할 때 내리던 비는 진눈깨비를 거쳐 눈으로 날렸다. 추위와 바람과 눈에 손이 얼어 몇 장의 사진만 겨우 찍고 바로 하산했다.

올라가는 것보다 내려오는 것에 유난히 약한 나는 제일 뒤로 처졌다. 젖은 밧줄을 잡고 가파른 바위를 기어서 내려오는데 일행들의 뒷모습은 하나둘 짙은 안개 속으로 사라져 갔다.

리더가 가끔씩 돌아보고 소리를 지르며 나를 점검했다. 외길이니까 걱정 말라며 먼저 보내고 천천히 뒤따랐다. 그런데 갑자기 종아리가 뻣뻣해져 꼼짝할 수 없었다. 바위에 걸터앉아 한참 주무르다 다시 발걸음을 옮겼다. 그런데 얼마 가지 않아 다시 종아리가 굳어온다. 그렇게 주저앉았다 걷기를 몇 번 반복한 끝에 겨우 목적지로 돌아왔다. 40분이나 늦었다.

무식하면 용감하다고 한다. 그날의 내가 그랬다. 그 후로 무리한 산행은 절대 하지 않는다. 산의 높이와 산행 시간, 경사도, 날씨 등을 정확히 파악하고 몸에 맞춘다. 산행에 필요한 장비를 철저히 점검하고, 만약을 대비하여 각종 비상 약품과 물과 음식도 충분히 챙긴다. 일행과 떨어져 절대 혼자 다니지 않는다.

산에 오르는 횟수에 정비례하여 산에 대한 관심과 애착은 점점 커진다. 보이지 않던 산이 새로 보이고, 봉우리와 계곡도 처음처럼 눈앞에 다가선다. 노루오줌 꽃도 알고, 원숭이 걸상 버섯도 이젠 딸 수 있다. 그래서 더욱 산이 좋다.

'건강은 대문 밖에 있다.' 운동화를 벗고 매주 등산화를 신으면서 내가 버릇처럼 하는 말이다. 나름대로의 일정 때문에 함께 산에 오르지 못하는 아내가 오늘도 같은 말을 반복한다. 과유불급이란 말을 명심하란다. 무리하지 않게 산행을 하겠다고 대답하지만 오늘도 거짓말만 배낭에 가득 채워 돌아왔다.

가쁜 숨을 몰아쉬면서 함께 땀 흘리는 분들이 있어 참 좋다. 몇 알의 포도도 나누어 먹는 마음들이 너무 따뜻하다. 함께 산에 오른 분들과 정상에 앉아 마시는 커피 맛은 입술로는 전할 수 없고, 언어로는 담아낼 수 없는 감격의 향기다. 모든 순간을 함께하며 배려하는 마음들에 가슴이 뭉클해진다.

산은 어머니 품속같이 포근하다. 온 세상을 품고도 늘 따뜻하며 그리움도 위로로 바꾸어 준다. 어느 산악인이 '우리가 정복하는 것은 산이 아니라 우리 자신이다.'라고 한 말이 생각난다. 땀 흘려 산에 오르는 이유를 이제야 조금은 알겠다. 정상 정복의 감격을 이제야 나도 느껴 간다.

보이지 않던 산이 새로 보이고 사라지듯 적절한 착시로 살아가는 것이 우리의 인생이리라. 날마다 아름다운 착시를 일으키는 시간들 속에서 함께 누리는 의미 있는 삶을 살고 싶다.

소나무가 죽은 이유

오랜만에 고향 마을을 찾았다. 아무도 살지 않는 마을의 골짜기가 무척 썰렁하다. 바위도, 강물도, 길옆의 감나무도 다시 돌아 바라볼 만큼 낯설어졌다. 그만큼 세월이 흘렀다.

어릴 때 늘 오르던 뒷산에 올랐다. 눈만 내리면 토끼를 잡겠다고 앞집 친구와 몽둥이를 들고 시린 발을 참으며 헤매고, 누나를 따라 산나물을 캐러 올랐던 기억이 새록새록 되살아난다.

사라진 옛 발자국을 뒤따르며 천천히 오르는데 키 작은 멋진 소나무 하나가 눈에 딱 들어왔다. 분재로 가꾸면 너무 멋있을 것 같아 정성을 다해 캐기 시작했다. 소나무는 옮겨심기가 무척 어렵다. 흙이 떨어지지 않게 조심 또 조심히 캐어 비닐로 잘 감쌌다. 마침 잘생긴 회양목, 화살나무가 눈에 띄어 함께 캐 왔다.

분재용 화분에 옮겨 심고 잔가지를 다듬으니 정말 멋진 분재 작품이 되었다. 그때부터 내 하루는 베란다에서 시작하여 베란다에서 마무리되었다. 화원에 가서 영양제를 사서 주고 화분이 마르지 않게 물도 충분히 주었다. 소나무도 그 정성에 보답하듯 잘 자랐다.

6개월이 지났다. 며칠 여행을 다녀와 대문을 열며 베란다부터 나갔다. 가슴이 덜컥 내려앉았다. 진했던 소나무 잎이 이상해졌다. 영양제를 주고 물을 열심히 주며 온 정성을 쏟기 시작했다. 하지만 진한 초록 잎은 무심히 빛을 잃어가며 속절없이 갈색으로 변해 갔다. 그래도 혹시나 하며 기대했지만 소나무는 허망하게 말라 비틀어졌다.

너무 안타깝고 속상했다. 그래도 아직 회양목과 화살나무가 있어 조금은 위안이 되었다. '결코 이 두 나무는 죽이지 않으리라.'는 각오로 더욱 정성을 쏟기 시작했다. 그런데 두어 달이 지나자 회양목도 비슷한 현상이 일어나더니 더 이상 버티지 못하고 말라 갔다. 두 나무가 죽은 빈자리를 채우기 위해 화원에 갔다.

"선생님의 정성이 나무를 죽였군요."

"정성이 나무를 죽였다고요?"

이게 무슨 소리지? 곡식도 주인의 발자국 소리를 듣고 자란다는데 가족 다음으로 소중히 보살폈던 정성이 결국 나무를 죽였다니…. 멋쩍게 웃던 주인이 또 한마디 한다.

"나무를 빨리 죽이려면 매일 물을 주고, 오래 살리려면 표면의 흙이 마를 때까지 물을 주지 마세요. 그리고 늘 바람이 들어오게 창문을 열어 두어야 해요."

화원 주인은 빛과 통풍에 문제 있는 아파트에서는 나무를 기르지 않는 것이 좋단다. 특히 소나무는 거의 불가능하다고 했다. 추천해 주는 잎 많은 꽃나무 화분 두 개를 사 들고 돌아왔다. 과유불급이다. 무식이 낳은 결과다.

나무를 잘 기르려면 나무에 초점을 맞추어야 한다. 나무의 속성이 어떤지, 어떤 조건에 나무가 잘 자라는지를 먼저 알아야 한다. 그런데 지금까지 모든 것은 내 생각 아래 있었다. 아무런 근거도 없는 내 기준과 판단대로 나무를 길렀던 것이다.

교육공학과 유영만 교수가 말한 회전문과 여닫이문이 생각난다. 지난 70년을 회전문처럼 내가 중심에 서 있고, 내가 돌아가는 기준에 다른 사람들이 맞추어야 하는 삶을 살아오지는 않았을까? 아님, 다른 사람의 뜻과 의지에 따라 옆에 서서 배려하고 도와주는 여닫이문의 역할을 하며 살았을까?

남도 내 생각과 같아야 한다는 생각, 내 판단이 항상 옳고 최선이라는 생각이 조금이라도 남아 있다면 그 모든 파일을 삭제하고 리셋 해야겠다.

소나무가 죽은 이유를 다시 생각한다. 나무를 알아야 잘 기르는 것처럼, 내 옆자리에 서 있는 분들의 목소리에 다시 귀 기울인다. 내가 사랑하는 사람들, 나를 사랑하는 그들과 멋진 삶을 위하여….

관심과 간섭

어떤 사람이나 대상에 마음이 끌리거나 알고 싶은 마음이 관심이다. 그에 비해 자신과 직접 관계가 없는 일에 쓸데없이 참견하거나 끼어드는 것은 간섭이다. 관심은 사랑과 배려의 마음이 바탕이 되고, 간섭은 개입과 통제하려는 마음에서 시작된다.

누구나 다른 사람에게 관심을 받고 싶어 하고 간섭은 싫어한다. 인지상정이다. 그런데 그 경계선이 무지개 일곱 색깔의 중간지대처럼 모호하다. 똑같은 말과 행동일지라도 어조나 음량, 상황이나 컨디션에 따라 관심에 감사하기도 하고, 간섭이란 생각에 거부감을 느끼기도 한다.

나는 어려서부터 어른이 될 때까지 부모님의 간섭을 받은 기억이 없다. 당신들은 나를 신뢰해 주었고, 하고 싶은 말이 있어도 바라보기만 해 주셨다. 어쩌다 친구들과 밤새 고스톱을 하다가 새벽에 들어와도 아무 말도 하지 않으셨다. 그때는 그것이 오히려 이상했는데 그 깊은 마음을 아이들을 낳고 기르면서 알게 되었다. 자식들만은 당신들처럼 고생하며 살게 하지 않겠다는 관심과 기대였다는 것도 그때 알았다.

　부모님의 모습은 남달랐다. 이웃 동네까지 소문이 날 정도로 금슬이 좋았다. 평생 단 한 번도 서로를 향해 언성을 높이거나 얼굴 붉히지 않았다. 힘든 농사일도 늘 힘을 모았다. 그것은 가족에 대한 관심과 사랑이었다. 당신들은 그렇게 삶으로 자식들에게 보여 주셨다.

　30년이 훌쩍 지났다. 나도 두 아이를 기르기 시작했다. 부모님의 모습을 떠올리며 가능하면 간섭하지 않았다. 조언은 했지만 아이들을 신뢰하며 자신의 일은 스스로 결정하도록 배려했다. 고등학교, 대학 진학과 전공 학과 선택, 직장의 문제, 준비할 것 많은 결혼까지 모두 그랬다. 꼭 필요한 경우가 아니면 그들만의 공간에 발을 들여놓지 않았다. 그 대신 아내와 함께 아이들을 위해 기도의 끈을 놓지 않았다.

　그래도 순간순간 부모님이 보여 주신 모습에 미치지 못함을 많이 느낀다. 감사하게도 두 아이 모두 자신의 길을 자신이 선택하여 자신의 꿈을 이루었다. 사랑하는 사람을 만나 알콩달콩 잘 살고 있는 모습도 무척 보기 좋다.

　요즘 젊은이들의 하루 생활은 전쟁이다. 우리 아이들도 마찬가지다. 그 모습이 안쓰러울 때가 참 많다. 날마다 무언가 도와주고 싶은 마음이지만 그냥 신뢰하고 바라보기만 한다. 특별한 일이 없으면 전화도 먼저 하지 않는다. 무엇을 먹는지, 휴일에 무엇을 하는지, 휴가 때 어디로 여행을 가는지 무척 궁금하지만 얘기하기 전에는 묻지 않는다. 그래도 아이들에게 실망을 느끼거나 섭섭함을 느낀 적은 없다.

관심과 간섭의 경계는 받는 대상의 마음에 따라 달라진다. 감사하는 마음으로 받으면 관심이고, 귀찮은 마음이나 거부감이 일면 간섭이다. 관심에서 비롯되었어도 자칫 선을 넘으면 간섭이 된다. 그런데 말하는 사람은 간섭이라는 사실을 전혀 인지하지 못한다. 분명 간섭을 하면서도 절대 간섭이 아니라고 확신한다. 진심이란 이름으로 포장된 간섭은 무거운 짐이 되고, 더러는 깊은 상처가 되기도 한다.

'너 요즘 왜 그렇게 늦게 다녀? 좀 일찍 들어와.' 무심코 던진 어머니의 한마디에 아들은 마음에 작은 벽돌을 쌓아올린다. 그러나 '일도 많은데 늦게 들어오니 많이 힘들겠구나. 좀 일찍 들어와 쉬면 좋을텐데.' 한다면 감사로 받을 수 있다.

지나친 관심은 간섭이 되고 간섭은 습관이 된다. 관심이 간섭으로 넘어가는 가장 큰 이유는 못미더움 때문이다. 자식의 상황과 상관없이 엄마의 생각대로 되기를 바라는 마음, 엄마의 판단이 항상 옳다는 뿌리 깊은 생각, 아무리 양보해도 최소한 네 생각보다 내 생각이 낫다는 엄청난 착각에서 벗어나지 못한다. 그것이 아이들의 공간을 빼앗고 위축시키는 것은 절대 모른다.

관심과 간섭은 종이 한 장 차이다. 그런데 그 종이 한 장을 찢기가 힘들다. 시대가 달라졌다. 쌍둥이도 세대 차이를 느낀다는 세상이다. 부모의 틀에 박힌 사고가 몇십 년이 지난 지금에도 합리적인 가치라고 생각하는 틀을 깨지 않는 한, 자식은 부모의 기대에서 점점 멀어진다. 자칫 홀로 서지 못하는 절름발이가 될 수 있다. 마마보이가 점점 늘어나는 것은 결코 우연이 아니다.

우리나라 역사상 가장 충격적이고 비극적인 사건의 하나가 영조시대 사도세자다. 아버지 영조는 아들의 성격과 행동이 장차 왕으로서 부족하다고 느낀다. 그때부터 아들을 엄격하게 감시하고 통제하기 시작한다. 아버지 영조의 기대를 한 몸에 받은 사도세자지만 사소한 행동 하나하나까지 제한과 처벌을 받는 사이에 스트레스가 쌓여 간다.

관심으로 시작되었지만 세자는 지나친 간섭에 심리적으로 불안정해지며 이상 행동을 보이기 시작한다. 참다못한 영조는 결국 사랑하던 아들을 뒤주에 가둔다. 뒤주 속에 갇힌 사도세자는 더이상 견디지 못하고 결국 비극적인 죽음에 이른다. 관심이 간섭이 되고 간섭이 통제와 억압이 되어 결국은 세자를 죽음으로 몰고 간 것이다.

마이클 잭슨의 아버지 조 잭슨의 일화도 유명하다. 아버지는 어릴 때부터 아들의 재능을 발견한다. 그때부터 아버지의 잣대가 움직이기 시작하여 혹독한 훈련과 철저한 관리에 들어간다. 아버지의 끝없는 간섭은 결국 아들 마이큰 잭슨에게 강한 심리적 압박을 준다. 시간이 지나 유명 가수가 된 마이클 잭슨은 아버지에 대한 두려움과 고통이 너무 컸다는 충격적인 고백을 한다. 부모의 관심이 자녀의 자율성과 감정을 빼앗으며 심각한 간섭이 되고, 이는 평생에 지울 수 없는 상처를 안겨준 것이다.

자식에 대한 부모의 관심은 끝이 없다. 그 관심은 사랑을 바탕으로 하기에 소중하다. 하지만 그 관심과 사랑이 그대로 자녀의 가슴에 닿기까지는 거리가 너무 멀다. '다 너 잘되라고 하는 소리야.' '너는 아직 어려서 몰라.' '엄마 하라는 대로 하면 돼.' 그렇게 부모라는 권위로 자식의 의견을 뭉개버리면 자식이 설 공간은 사라진다.

이처럼 간섭은 관계를 멀게 하는 지름길이다. 관심은 사랑의 다른 이름이지만, 때로는 그 사랑이 간섭이 되어 숨 막혀 할 수 있다. 엄마의 말에서 받는 무게만큼 가슴에 무거운 짐을 안고 살게 해서는 안 된다. 진정 자식을 사랑한다면 과감히 자식이 마음껏 달릴 수 있는 공간을 내어 주어야 한다. 그 공간에서 자식들은 마음껏 날개를 펼 수 있다.

솔로몬 왕의 재판을 우리는 기억한다. 두 여인이 한 아이를 두고 서로 자기 아이라고 다투는 사건에 솔로몬 왕은 아이를 둘로 나누라는 판결을 내린다. 그러자 한 여인이 아이를 포기하고 저 여자에게 주라고 말한다. 진정 아이를 사랑하기 때문에 한 발자국 물러선 것이다.

끌어안고 싶은 마음보다 차라리 주는 용기가 보다 큰 사랑이다. 솔로몬 왕은 물러선 여인이 진짜 어머니라는 것을 알고 진짜 어머니에게 아이를 돌려주게 한다. 사랑하기 때문에 물러설 줄 아는 지혜를 배워야 한다. 신뢰를 바탕으로 한 배려는 사랑하며 사는 삶에서 가장 아름다운 울타리다.

5

지금쯤 그분은

'아무거나'와 '같은 걸로'

특별하던 외식문화가 어느새 일상이 되었다. 우리 집도 예외는 아니다. 아내도 뒤따라 퇴임을 한 후로 점심때가 가까워지면 함께 대문을 열고 나가는 횟수가 부쩍 늘었다.

그런데 메뉴와 식당 정하기가 쉽지 않다. '오늘은 여기!' 할 때도 있지만 대부분 과일가게 수박 고르기다. 이 집은 괜찮은데 얼마 전에 갔었고, 저 집은 음식이 너무 짜고, 그 집은 가성비가 좋지 않다는 등 한참 토를 달며 도토리 키 재기를 한다. 그러다 결국 스마트폰을 열어 검색을 한다.

평창 동계올림픽을 계기로 KTX가 개통되며 강릉이 전국에서 가장 핫한 곳이 되었다. 주말이나 휴일의 해안도로는 추월이 쉽지 않고, 연휴나 명절에는 흔히 길고 긴 주차장이 된다. 해안을 따라 늘어선 카페는 바다 조망이 거의 없는 구석 자리도 거의 찬다.

강릉에서는 거의 볼 수 없던 줄서기 문화도 낯설지 않다. 기차 레일을 녹이는 찜통 날씨에도 뜨거운 짬뽕이나 칼국수 한 그릇 먹기 위해, 흑임자 커피 한 잔을 마시기 위해 그늘 없는 인도에서 한 시간 이상 부채질을 한다. 2~30미터 늘어선 줄은 내가 풀 수 없는 수수께끼다.

이럴 즈음엔 가끔 낯선 목소리가 스마트폰에서 들린다. 평소 무척 만나고 싶었던 분, 오래 잊고 있었던 분, 좀 아는 어정쩡한 관계인분들까지 다양한 목소리다. 그런데 참 묘하다. 무척 만나고 싶은 분, 꼭 식사를 대접하고 싶은 분은 시간이 없다며 통화만 하고 떠난다. 그런데 그냥 가도 좋을 분들은 얼굴이라도 꼭 보고 싶단다.

지난해 여름, 낯선 전화 한 통을 받았다. 20년 전에 같은 교무실에 근무했던 분이다. 특별한 연결고리는 없었지만 동갑이라 그때는 친구가 되어 많이 어울렸다. 그냥 그렇게 2년을 보내고 헤어졌다. 그 후 연락 없이 많은 세월이 훌쩍 지나갔다.

"그렇게 지냈군. 그럼 점심식사 같이할까?"

절반은 인사치레였다. 그런데 기다렸다는 듯 응답이 명쾌하다. 기분이 좀 묘해졌다. 이렇게 생각하는 내 마음 중심이 참 못되었다는 생각도 들었지만 한편으로는 잊지 않고 전화를 해 주었다는 사실에 애써 긍정적 의미를 부여했다.

"뭐 먹고 싶어?"

"음. 아무거나…"

"그러지 말고. 뭐 좋아하는 음식 없어? 아님 어떤 종류라도…."
"글쎄…."

나름 마음의 부담을 느끼고 있음이 보인다. 하지만 그 대답이 내게 더 부담스럽다.

강릉을 찾는 분들은 대체로 바닷가에서 싱싱한 생선회를 먹고 싶어 한다. 물어보지 않아도 잘 안다. 나도 그러고 싶다. 하지만 선뜻 그 제안이 나오지 않는다. 그분에겐 한 번뿐이겠지만 피서철의 내겐 망설여지는 상황이 자주 있다. 바닷가 횟집은 4인 기준으로 20만원이나 소요된다. 돈도 돈이지만 만나는 분과 마음의 거리 문제가 더 크다.

모처럼 만나는데 짜장면이나 보리밥집 가자고 할 수 없다. 강릉을 대표하는 음식 몇 가지를 제시했다. 활어 물회, 꼬막무침, 두부 관련 요리, 생선찜이나 매운탕 등도 빼놓지 않았다. 두부 요리가 좋겠다기에 만날 장소와 시간을 알려 주었다.

많은 시간이 흘러서인지 친구의 얼굴에 세월이 잔뜩 묻었다. 처음 느꼈던 부담스러운 마음도 늘어난 이마의 주름살 속으로 사라졌다.

"정말 반갑다. 배고플 텐데 일단 음식부터 시키자. 뭘로 할까? 두부 전문집이라 종류가 많아. 그리고 매운맛, 보통 맛, 순한 맛 등 다양해. 나는 평소 매운맛 이것을 즐겨 먹거든. 너는?"

"같은 걸로…."

우리나라 사람들이 가장 많이 고르는 메뉴는 '아무거나'와 '같은 걸로'란다. '좋은 것이 좋다.', '좌로도 우로도 치우치지 않는다.', '가만히 있으면 중간은 간다.'는 속담처럼 우리 민족의 정서가 흠뻑 배어 있는 말이다. 모나지도, 튀지도 않고 뒤처지지도 않은 것을 추구하는 중용의 안정감이 음식을 시키는데도 보편적 가치로 자리 잡았다.

이런 보편적 사고와 평범한 일상은 자신에게는 의미가 있을지 몰라도 급박하고 자극적인 것을 추구하는 현실 속에선 힘을 잃었다. '변화의 시대에 절대 변하지 않는 것은 모든 것은 변한다는 사실'이라고 한 아인슈타인의 말처럼 사고 또한 역설적이거나 충격적 변화가 있어야 매력을 얻는다. 그쯤 세상은 멀리 달려왔다.

AI가 사람을 지배하는 오늘, 평범과 보편의 가치관은 더 이상 공감력과 설득력을 얻을 자리를 잃었다. 유유히 흐르는 강물과 밋밋한 돌은 아무의 눈길도 끌지 못한다. 남들보다 진한 자극을 주어야 맛집이 되고, 톡톡 튀는 스피드한 사람이 앞서 달리는 세상이다.

잠깐의 일출을 보기 위해, 바다를 바라보며 커피 한 잔을 마시기 위해 주차장이 된 고속도로를 왕복 10시간 넘게 운전대를 잡고, 삼복더위에 길거리에서 한 시간 기다려 칼국수를 먹는 세대들에게 '아무거나'와 '같은 걸로'의 문화는 오히려 답답함과 짜증의 대상이다. 그들은 좋고 싫음이 분명하고, 하고 싶은 말을 잠시도 입에 물고 있지 못한다.

애지중지하던 맞춤 양복은 과감히 벗어 버리는 용기가 필요하다. MZ 세대에게 부모가 입던 옷을 입으라고 할 수는 없다. 옷 사러 갈 때 따라나서지 말고 카드만 건네주어야 한다. 내가 부정하고 싶어도 이미 부정의 선을 넘었다. 내 눈엔 비상식적인 것이 상식이 된 세태를 어쩔 수 없이 받아들일 수밖에 없다. 그건 나를 내려놓는 용기 있는 결단이 아니라 이미 뿌리를 내린 현실이다.

'아무거나'와 '같은 걸로'의 미덕의 가치관을 과감히 버려야 한다. 한 발 뛰어넘어 달려갈 때다. 쇼펜하우어는 삶은 꿈과 멀어질수록 지루하고 똑같은 일상의 반복으로 진락하고 만다고 했다. 새 옷을 갈아입고 남과 다른 나만의 삶의 그림을 그려야 한다. 변화 앞에 멈칫거리지 말아야 한다. 매력적인 삶은 이런 돌파력에서 비롯된다.

'아무거나'가 아니라 반찬 많은 한정식으로, '같은 걸로'가 아니라 자극적인 매운맛으로 해 달라고 분명하게 말하는 것이 오늘을 사는 지혜다.

가슴 아팠던 8월

가슴 아팠던 8월이었다. 두 번이나 동해안을 강타한 태풍에 마음 졸이고, 온 국민을 긴장으로 몰아넣는 코로나19는 마음을 백척간두로 몰아갔다. 모두들 감당하기 힘든 시련의 시기에 내겐 가슴 아픈 일이 겹쳐 찾아왔다.

얼마 전까지 바닷가 카페에서 이마의 주름살을 세며 그 옛날 참외 서리 이야기에 함께 웃었던 죽마고우가 갑자기 다른 세상 사람이 되었다. 코로나가 절정이던 때라 문상이 차단되어 마지막 떠나는 모습도 볼 수 없어 더욱 마음 아팠다. 친구가 떠난 빈자리가 너무 크다.

허공에 구멍이 난 마음을 안고 친구와의 기억이 머물던 바닷가 그 카페로 발길을 옮겼다. 텅 빈 앞자리를 무심히 바라보는데 스마트폰이 울린다. 서울에 사는 친구의 목소리가 평소와 달리 힘이 없다. 미국에 살고 있는 고향 친구가 코로나로 부인을 잃었단다.

어떻게 오랫동안 가까이 지낸 고향 친구들에게 이런 일이 연속적으로 일어나지? 답답한 마음을 견딜 수 없어 카페를 나와 파도에 발목이 다 젖는 바닷가 모래 위를 한없이 걸었다. 부서지는 포말 너머 저 멀리 보이는 수평선은 태평양 너머 미국 땅, 그곳에 사랑하는 사람을 떠나보내고 힘들어 하는 친구의 모습이 푸른 파도 위에 어른거린다.

친구는 젊은 나이에 비행기를 타고 훌쩍 시카고로 날아갔다. 열심히 사업을 하며 오랫동안 한인회장을 맡아 참 좋은 일을 많이 하는 친구, 초등학교, 중학교를 같이 다니던 기억이 생생하다. 학창 시절에는 학교 대표로, 마을 대표로 축구공을 쫓아 함께 운동장을 달리던 기억도 생생하다. 내가 대학교 들어갔을 때, 고등학교를 졸업한 친구는 해병대를 제대하고, 결혼을 하고 미국으로 떠났다.

가끔 연락은 있었지만 오래 만나지 못했다. 그런데 지난 3월에 초등학교 입학 60주년 행사를 하기 위해 귀국하여 며칠 함께 지냈다. 그리고 4월에 강릉·고성 산불로 고향 마을이 사라지자 미국에서 2,500만 원의 성금을 모아 한 달 만에 다시 들어왔다. 함께 강릉시장을 만나 전달하며 무척 흐뭇해했던 친구다.

그 친구가 아내를 잃었다. 부부가 같이 코로나19 양성 판정을 받아 입원을 했다. 그런데 친구가 먼저 완치 판정을 받아 퇴원을 하고, 아내는 회복되지 않아 계속 입원 치료했다. 하지만 병세는 점점 악화되어 폐렴으로 번져 결국 중환자실로 옮겨졌다가 사망한 것이다.

가까이 지내던 고향 친구들에게도 알리지 않고 혼자 슬픔을 삼켰던 친구, 멀리서 위로하는 친구들을 오히려 안심시키고 건강을 주의하라던 친구, 그 친구가 얼마 전에 지난날 아내에게 받고 오랫동안 소중히 간직하고 있었다는 편지를 내게 보내 주었다.

내가 사랑하는 내 인생의 동반자이자 친구 같은 나의 남편에게!
오랜만에 편지를 쓰니 쑥스럽고 어색하지만, 내 마음속에 있는 그동안 표현하지 못한 것들을 전하고 싶어서 이 글을 씁니다. 2005년을 마감하는 끝자락에서 당신에게 이런 고백을 할 기회가 오다니, 아무튼 용기를 내어 성탄절 선물로 드립니다.

우리 내년 5월이면 결혼 25주년입니다. 25년을 뒤돌아보니 참으로 가슴이 벅차네요. 미국에 대해 생각할 겨를도 없이 당신을 따라 이민 생활을 시작했고, 모든 것이 낯설고 생소하여 울기도 많이 했지만 이젠 한국이 더 낯선 곳이 되었습니다.

아들 둘을 낳고 가끔은 다투기도 하고 때론 행복하기도 한 세월을 보냈지요, 처음으로 담근 김치는 왜 그리 맛이 없던지… 그때 이미 당신은 내 음식 솜씨를 파악했을 것 같고, 식사 준비가 하기 싫어 곧잘 아프다고 핑계를 대던 어느 날, '내일은 어디 아플건데?' 하며 묻던 당신. 첫애 낳고는 무엇이든지 육아사전을 찾아보며 기르던 그 시절, 둘째가 한 밤중에 경기를 하여 어쩔 줄 몰라 했던 그 시간들이 참으로 정겹고 그리운 시절이었어요.

지금은 훌쩍 커버린 두 아들들이 우리들 울타리가 된 기분입니다.

어느 때부터인가 우리들의 머리위에 서리가 앉기 시작했고, 몸은 서서히 세월을 나타내고 이민 생활의 힘든 시간들이 당신의 손마디에서 느껴짐을 곤히 잠든 당신 모습에서 읽습니다.

여보! 나의 남편이 되어 내 곁에 있어주어 참으로 고마워요. 늘 부지런하고 인정 많고 이해심 넓고 다정한 당신. 냉정하고 이기적이고 고집이 센 나하고 보낸 세월이 참 힘들었죠?

당신은 모르지요. 내가 새벽에 눈을 뜨면 당신 허리에 손을 살포시 얹고 주님께 감사기도 드리는 것을… 좋은 남편을 허락하신 주님께 감사드리고 허점과 결점 투성이인 나를 보호하고 감싸며 지켜 온 당신이 너무 고맙고 좋아요. 난 요즘 '아내와 연합하여 한 몸을 이룰지어다.'하신 말씀을 실감하면서 산답니다.

내 영과 육이 당신과 하나를 이루어가는 과정임을, 그런데 그 과정이 하나도 힘들지 않고 당신이 좋고 또 좋아서 내 스스로 당신 영혼 안으로 들어간다는 사실을 하나님께서 가정의 질서의 원리를 깨우쳐 주시지 않았다면 나는 돕는 배필의 자리가 얼마나 중요한지도 모른 채 불평하며 내 고집을 세우며 바가지도 적당히 긁고 지냈을 걸, 너무 늦지 않은 시기에 주님께서 깨우쳐 주셔서 내 위치로 돌아가게 하심을 감사드립니다.

여보. 사랑해요. 그리고 존경합니다. 당신의 인내가 있었기에 현재의 내가 있다는 것을 기억하고 있지요. 오래전에 죽음에 관하여 얘길 나눌 때, 당신은 나 죽은 후에 장례식도 잘 치르고 양지바른 곳을 택하여 잘 묻어 준 후에 뒤 따라 오겠노라고 말한 것, 그 때는 그냥 기분이 좋았지만 지금 생각해보니 그것만큼 좋은 선물과 배려가 없네요. 당신의 사랑에 감사하고 그 약속 꼭 지켜주기 바래요. 아마 하나님께서도 그 약속을 지키게 해 주시리라 믿습니다.

에스라서 8장 27절에 이런 구절이 있어요.

'또 아름답고 빛나 금같이 보배로운 놋그릇이 두 개라.' 하나님 전에 쓰이는 기명을 칭하는 것 같은데 놋그릇이 얼마나 정결하고 나와 당신이 이 모습으로 살아가길, 늘 깨끗이 하여 하나님께서 우리 가슴에 작은 등불 밝혀 어두워가는 세상 속에서 따뜻한 빛이 되어 작은 예수의 모습으로 살아가길, 우리들의 두 아들 현근이와 범근이도 각자 가정을 이루어 두 개의 놋그릇으로 늘 준비된 그릇이 되길, 빛 되신 작은 예수의 모습이 되기를… 그리고 먼 훗날 하나님 앞에 설 때, 당신과 내가 하나가 되어 착하고 충성된 종이었다고 칭찬 받기를 기도드립니다.

여보, 당신을 만나 행복하고요. 다시 태어나도 당신과 결혼하고 싶어요. 당신은 어떤가요? 그리고 약속할게요. 아름다운 아내가 될 것을….

여보. 진심으로 사랑합니다. 그리고 고마워요. 구유에 누우신 아기 예수님을 경배드리는 그날에….

2005년 12월 25일에 당신의 아내 순연 드림.

※ 이 글은 친구가 보내준 아내의 편지를 수정 없이 원문 그대로 옮긴 것임

이국땅에서 도저히 죽음을 받아들일 수 없는 마음으로 다시 꺼내 읽은 아내의 편지, 어쩜 이날을 예측하고 쓴 것 같이 절절히 흐르는 애틋한 사랑의 마음에 숙연해진다. '지금부터 15년 전의 아내의 그 사랑의 모습을 곱씹으며 얼마나 많은 눈물을 흘렸을까?' 가슴이 메어온다.

긴급히 동창생들의 뜻을 모아 작은 마음들을 보냈지만, 그것이

작은 위로는 되었을망정, 그 아픔을 온전히 덮지는 못했을 것 같다.

아직은 철 이른 고운 가을 햇살 아래 또 한 해가 빠르게 흘러간다. 세월의 깃을 잡고 그래도 흐트러짐 없이 달려온 시간들은 언제나 우리들 편이고 소중했다는 생각이 든다.

가슴 아팠던 8월이 지나가면 아픈 기억들도 낙엽처럼 떨어져 가고 새로운 계절을 준비하겠지….

투명 포도주

신혼여행을 다녀온 그들이 관사로 찾아왔다. 내 평생 딱 한 번 중매를 한 부부다. 예의도 밝고 신앙심도 좋아 늘 동생처럼 지내는 청년들이다.

"뭘 이런 걸 다 사 와. 그런데 이거 술 아냐?"

"예. 포도주예요."

"나한테 술을?"

"알지요. 그런데 술이 아니라 약으로 드시면 되잖아요. 선생님 혈압이 좀 높잖아요. 저녁에 조금 드시면 혈압도 떨어지고 혈액순환에 아주 좋대요."

"그래도 그렇지. 그런데 무슨 포도주색이 이래?"

"저희도 잘 모르겠어요."

"하여튼 고마워. 일단 거기 두고 좀 앉아."

결혼식과 신혼여행의 이런저런 이야기를 나누고 돌아갔다. 그들이 사 온 포도주병을 보았다. 가격이야 알 수 없지만 '발렌타인 21'이다.

다음 날 퇴근을 했다. 포도주 병을 여는 것이 너무 어렵다. 겨우 병뚜껑을 열고 소주잔 반 잔 정도 부었다. 술 냄새가 강하게 나고 색깔도 소주처럼 말갛다. '참 이상한 포도주네. 양주라서 그런가?' 하며 홀짝 마셨다. 순간 '으악!' 하며 바로 뱉었다. 입에 불이 나고 목구멍도 타들어 가는 것 같았다.

'이거 포도주가 아니잖아!'

다음 날 출근하여 교무실 선생님들 몇 분에게 어제 저녁 마신 술 이야기를 했다. 모두들 어이없다는 듯 박장대소다.

"교감 선생님. 발렌타인 21이 무슨 술인지 정말 몰랐어요?"

"몰랐지. 포도주라니 말간 포도주도 있구나 했지."

"그거 비싼 위스키예요. 진짜 몰랐어요?"

"이름도 병도 처음 보았는데 알 턱이 있나?"

"그 발렌타인 집에 있어요?"

"바로 뚜껑 닫아 두었어. 저녁에 와서 마셔."

저녁에 식사를 하고 치우기도 전에 대문 두드리는 소리가 들렸다. 같은 관사에 사는 세 분 선생님들이 과일 몇 개를 들고 들어선다. 내 목에는 불이 났었는데 '카, 카' 하며 꿀물처럼 주거니 받거니 한다.

"그런데 발렌타인이 위스키인지 모르는 내가 멍청한 거야? 포도주라고 사 온 그 부부가 더 멍청한 거야?"

여럿이 한참 웃더니 누군가 한마디 한다.

"막하막하. 도토리 키 재기죠."

모두들 객지에 와 고생인데 즐겁게 시끌벅적하게 떠드는 모습이 참 좋다.

"교감 선생님, 오랜만에 좋은 술 잘 마셨어요. 내일 같이 돌솥밥 먹으러 가요."

부끄러움

十五越溪女　아리따운 아가씨 열다섯 나이
含羞無言別　부끄러워 말도 못하고 헤어졌어라.
歸來掩重門　돌아와 문빗장 잠가 두고서
泣向梨花月　배꽃 사이 달을 보며 눈물 흘리네.

조선 시대의 문신인 임제(林悌)가 지은 「무언별(無言別)」이란 오언절구(五言絶句)의 한시다. 사랑을 느끼는 청순한 아가씨의 이별의 안타까움과 애상적 심정이 세밀히 묘사되었다. 서정적 자아는 사랑하는 마음을 드러낼 수 없어 배꽃 사이로 비친 달을 보며 눈물을 흘린다. 사랑하는 사람에게 애틋한 마음을 단 한마디도 못하고 남몰래 애를 태운다. 그것이 그 시대 여인들의 보편적인 정서이지만, 눈물을 흘리면서도 입술을 열지 못하는 애절한 마음에 동병상련의 연민을 느끼게 된다.

하지만 안타까움 뒤에 숨겨진 다소곳함에 진정한 아름다움을 발견하게 된다. 그 아름다움이 가슴에서 가슴으로 흘러 내려온 것이 한국 여성의 부끄러움이다. 자신의 감정을 스스럼없이 내 뱉는데 익숙한 서양인에 비해 신비롭고 은밀한 아름다움이다. 애처롭기까지 한 한국 여인만이 지녔던 다소곳한 아름다움이다.

부끄러움은 한국 여인에겐 여성다움의 상징이었고 매력의 결정체였다. 지나치지 않을 정도의 부끄러움을 간직한 여인의 매혹에 남정네들은 가슴을 태웠다. 부끄러워 치마꼬리 입에 물고 돌아서는 모습은 단단한 그들의 가슴을 흔들었다.

색깔과 무늬는 다르지만 부끄러움을 지니기는 남자들도 마찬가지다. 평생을 같이 살아온 아내에게 '사랑한다.'는 말 한마디 못한 채 어느새 '임자'라고 부르는 나이를 맞는다. 혼자서는 즐겨 노래를 부르다가도 멍석만 깔아 놓으면 슬며시 꽁무니를 빼는 부끄러움을 지녔다. 남성들의 이런 부끄러움은 겸손의 쑥스러움이었고, 오랫동안 우리의 전통적 미덕으로 자리매김해 왔다.

40대 중반에 받은 석사학위 논문 제목이 『윤동주(尹東柱) 시에 나타난 내면 의식 연구』다. 윤동주의 유고시집 『하늘과 바람과 별과 시』에 수록된 모든 시를 몇 번이나 읽고, 해석하고, 관련된 수많은 논문들을 분석하는 과정에서 진정 아름답고 고귀한 부끄러움을 발견했다.

그것은 우리 여인들이 지녔던 '무언별'의 부끄러움도 아니고, 무뚝뚝한 남정네들에서 볼 수 있는 쑥스러움과 겸손과도 다른 부끄러움이었다. 인간적 고뇌에 시대적 양심이 다소곳이 담겨 있는 고귀하고 차원 높은 부끄러움이다.

> 나는 나의 참회의 글을 한 줄에 줄이자.
> – 만 이십 사년 일개월을
> 무슨 기쁨을 바라 살아 왔던가.
> 내일이나 모레나 그 어느 즐거운 날에
> 나는 또 한 줄의 참회록을 써야한다.
> – 그 때 그 젊은 나이에
> 왜 그런 부끄러운 고백을 했던가. [참회록 2, 3연]

 나라 잃은 슬픔을 가슴속에 한으로 묻어두고 죽는 날까지 하늘을 우러러 한 점 부끄럼이 없이 살고 싶었기에 그는 잎새에 이는 바람에도 괴로워했다. 아니, 괴로울 수밖에 없었다. 그 괴롭고 부끄러운 마음에 우물 속의 자신을 들여다보고 미워서 돌아가고, 돌아가는 자신이 가엾어져 다시 와 들여다본다. 그래도 변하지 않고 그대로 있는 모습이 미워 다시 돌아가게 되고, 또 다시 그리워하는 번민과 고민을 반복한다. 자신을 무겁게 누르고 있는 부끄러움 때문에 그는 늘 괴로워했다.
 조국과 민족에 대하여 아무 일도 못하고 있다는 죄책감에서 오는 부끄러움, 그것은 자기 자신에 대한 깊은 성찰에서 출발한다. 조국의 독립이라는 명제를 안고 있는 현실 앞에 서서 자신의 삶을 되돌아보는 순간, 의미 있는 일을 하지 못하고 있다는 반성과 부끄러움을 강인한 내면적 의지로 승화시키고 있다. 정말 고귀하고 아름다운 부끄러움이다.

　우리의 선인들에게는 이런 부끄러움이 있었다. 자기 자신에게 국한된 문제를 뛰어넘어 다른 사람에 대한 겸손함이나 조국에 대한 사랑이 바탕이 된 부끄러움이다. 참으로 아름답고 소중한 부끄러움이다.

　요즘의 젊은이들을 유심히 바라본다. 그들에게 부끄러움을 찾을 수 없다. 오히려 부끄러워하는 행동 자체를 정말 부끄러워한다. 그들에게는 '무언별'의 여성적 수줍음의 부끄러움이나 남정네들의 어색함과 겸손의 부끄러움은 뿌리 뽑혀 사라진 풀과 같다. 오히려 그 자리를 대담함이 거침없이 차지하고 있다. 윤동주와 같은 부끄러움은 생각조차 하지 않는다. 한 걸음 물러설 줄 모르고 쓰면 뱉고 달면 삼키는 일에 망설임이 없다.

　부끄러움 없는 당당함이나 진솔한 의사 표현은 긍정적이고 바람직하다. 그런데 남을 배려하지 않는 독선의 모습이라면 문제는 달라진다. 자기중심적이고 이기적인 사고는 어른들을 긴장시키고 눈살을 찌푸리게 한다. 특히 앞장서서 나라를 생각하고 국민을 위해 고민하고 일해야 할 분들, 부끄러움을 느끼기는커녕 국민을 조롱하기까지 한다.

　말끝마다 '국민의 뜻'이란다. 국민의 대부분은 다른 생각을 하는데도 전혀 상관하지 않는다. 국민의 뜻이라는 말을 방패 삼아 무조건 상대방을 비판하며 인신공격까지 서슴지 않는다. 자신이 어디에 서 있고 어디로 향하는지 모른다. 아니, 잘 알면서도 모른 척한다. 내가 하면 로맨스고 상대가 하면 불륜이란다. 자신이 저지른 잘못이 세상에 밝혀졌음에도 깊이 숨겨 두고 상대방을 절벽으로 계속 밀고 간다. 정말 어처구니없는 부끄러운 일이다.

  부끄러움을 느껴야 한다. 부끄러울 때 부끄러워할 줄 알아야 한다. 윤동주처럼 사회와 국가에 대한 부끄러움이 아니라도 좋다. 나와 내 곁에 있는 사람들에게 사랑을 베풀지 못한 인간적 부끄러움이 아니라도 괜찮다. 단지, 자기 자신의 삶에 대한, 잘못된 행동에 대한 작은 부끄러운 마음만이라도 있어야 한다. 부끄러워할 줄 모르는 굳은 마음을 진정 부끄러워할 줄 알아야 한다.

새벽시장

 일주일에 한두 번, 농산물 새벽시장에 간다. 물론 필요한 먹거리를 사러 가지만, 시장구경 자체의 재미와 호기심도 그에 못지않다.
 참 따뜻한 곳이다. 소박하고 순수하고 인정이 넘친다. 훈훈한 사람 냄새가 물씬 풍긴다. 여기저기서 외치는 다양한 목소리들도 귀에 거슬리지 않는다. 투박한 사투리의 시골 어른들과 짧은 대화도 정겹다. 5일마다 돌아오는 장터에 나가 손수 가꾸어 온 이런저런 농산물을 팔던 어머님의 모습을 떠올리게 되는 시간도 이때다.
 두부를 한 모 사고, 양파 한 망에, 잘 익은 과일도 고른다. 냉이, 달래, 쑥을 시작으로 제철 산나물을 한 무더기씩 사다 보면 어느새 양손에 가득하다. 지난주에는 보이지 않던 이른 옥수수 무더기 앞에 앉아 껍질을 까서 봉지에 담았다. 아내는 종일 옥수수만 먹고도 손이 또 갈 정도로 옥수수를 좋아한다.

어릴 때의 노하우와 아내 덕에 맛있는 옥수수 고르는 데는 전문가가 되었다. 알이 굵고 촘촘한 것이 좋다. 나무에서 딴 시간이 가장 짧고, 시기를 정확히 맞추어 수확해야 제맛이 난다. 따낸 자리가 누렇게 변했다거나 손톱으로 알을 눌러 보아 젖빛 물이 나오지 않는 것도 맛이 떨어진다.

갓밭에서 따온 옥수수와 감자를 삶아 마당에 멍석을 깔고 앉아 감나무 잎 사이로 스미는 둥근 달을 바라보며 먹던 어린 날, 생각만 해도 가슴이 울렁거린다.

계절이 바뀌면 새벽시장의 주인공들도 바뀐다. 옥수수와 마늘, 감자를 팔던 자리에는 탐스런 복숭아가 쌓이고, 고구마에 이어 붉은 고추 자루가 늘어선다. 또 한두 주가 지나면 사과, 배, 포도 등 온갖 과일이 발길을 잡는다. 찬바람과 함께 배추와 무가 작은 트럭에 실려 들어오기 시작하면 새벽시장은 성급하게 겨울을 준비한다. 그렇게 이른 봄부터 눈 쌓인 겨울까지 계절을 거스르지 않고 땀의 흔적들이 쌓인다.

연세 지긋한 어르신 앞에 발길을 멈추었다.

"아주머니. 이 옥수수 만원에 몇 개예요?"

"예. 이거 새벽에 땄어요. 맛있는 미백 2호예요."

동문서답이다. 딴 자리가 벌써 누렇게 변한 것을 보면 어제 오후나 저녁쯤에 딴 것이 분명한데 새벽에 따 왔단다. 더구나 멀리 1시간 거리인 옥계에서 차에 싣고 온 분이다. 거짓말인 줄 알면서도 그 말속에 스며 있는 순수하고 간절한 마음이 소중하게 느껴진다. 그래서 새벽시장에 더욱 정이 간다.

"할머니. 이 호박잎 한 무더기 얼마예요?"

"아주 연하고 맛있어요. 싸게 드릴게요."

"이 미나리 한 단에 얼마예요?"

"그거요. 재배한 것이 아니라 노지에 난 거예요."

가격을 물었다. 그런데 이분들도 역시 등 긁어 달라는데 다리를 긁고 있다. 연해서 맛있고, 대량 재배한 것이 아니라 노지에서 자란 것이라 훨씬 좋으니 꼭 사 달라는 간절함이다. 그런데 놀라운 것은 이런 동문서답을 하는 분이 한두 분이 아니다.

그 마음을 외면할 수 없어 하나 더 달라 하지도 않고, 주는 대로 감사하게 받아 든다. 다 팔아야 2~3만 원밖에 안 되는데 더운 날씨에 새벽부터 먼 거리에서 나오는 마음을 생각하면 더 비싸게라도 사고 싶다. 아니, 그분들을 볼 때마다 어머니 생각에 더욱 그렇다.

그런데 가끔, 훈훈한 시골 새벽시장을 흐리는 분도 있다. 이런 분을 보면 슬며시 화가 난다. 수입산을 국산이라고 속여 파는 분들, 위에는 좋은 것으로 눈가림하고 집에 와 보면 속은 썩어 먹을 수 없는 것을 파는 분들이다. 대부분 시골에서 직접 농사를 짓는 분들이 아니라 때 묻은 일부 전문 장사꾼들이다.

지난 토요일에도 버릇처럼 새벽시장에 갔다. 아내가 아침을 준비하며 몇 가지를 사 오라고 문자를 보냈다. 이것저것 사고 어느 아주머니께 호박 2개를 3천 원에 샀다. 순수하고 소박하게 보이는 분이었다. 그런데 집에 와 잘라 보니 속이 썩어 냄새까지 났다.

며칠 후, 다시 새벽시장에 갔다. 그 아주머니 앞을 지나는데 잠시 고민이 되었다. '말해야 하나, 아님 그냥 가야 하나?' 하지만 본인도 모르게 다른 분에게 다시 그런 실수를 하면 안 된다는 생각이 문득 들었다.

"아주머니. 3일 전에 제가 호박 2개를 3천 원 주고 산 적이 있어요. 그런데 집에 가서 잘라 보니 다 썩었더라고요."

기분 상하지 않게 웃으며 조심스럽게 말했다.

"그래요? 겉이 멀쩡하니 우리도 속을 알 수 없어서…. 아저씨. 죄송해요. 여기 두 개 다시 드릴게요."

"아. 아니에요. 절대 그런 뜻이 아니고요. 혹시 또 실수하실까 해서요."

가져가라, 안 가지고 가겠다는 대화가 몇 번 이어졌다. 그 진심을 외면할 수 없어 받아 들고 돌아서는 마음이 흐뭇했다. 그 후에도 그 아주머니께 들러 필요한 것을 산다. 여전히 친절하고 따뜻한 분이다.

주방과는 워낙 거리가 멀지만 주방에 들어서면 자신감이 생기는 때가 딱 한 번 있다. 옥수수나 각종 나물을 삶을 때다. 옥수수 상태와 나물의 종류에 따라 삶는 방법과 시간을 다 다르게 해야 한다. 자칫 하다 보면 너무 많이 삶든가 너무 일찍 불을 꺼 제대로 삶지 못하는 경우가 있다. 그게 쉽지 않다. 아내는 내 나물 삶는 실력만은 인정한다. 새벽시장을 다녀와 옥수수를 삶고 계절마다 나물을 삶아 식탁에 앉는 시간이 정말 소중하다.

  세상이 너무 각박해졌다. 예전에는 이런 새벽시장과 같은 훈훈한 모습들이 일상의 삶이었는데 지금은 빌딩에 묻혀 버린 오솔길같이 되었다. 동문서답을 하는 아주머니들의 푸근한 인정을 늘 느끼며 살고 싶은 마음이 문득 든다. 떠들썩한 새벽시장같은 훈훈한 인정의 바람이 부는 날이 매일 이어졌으면 좋겠다.

지금쯤 그분은

어느 날, 큰 숙제가 내 앞에 떨어졌다. 얼떨결에 축구장 3배 크기의 밤나무밭 관리를 맡게 된 것이다. 조건은 없다. 팔든지 나누어 주든지 형님 마음대로 하시고, 명절에 먹을 한 박스만 남겼다 주면 된다며 간곡하게 부탁한다.

시골 우리 집에는 한 해에 2톤 트럭 두세 대 분량을 수확하는 넓은 밤나무밭이 있었다. 아버지께서 이른 봄에 최신 품종으로 접붙임을 하여 정성을 다하여 가꾸셨다. 나무가 자라며 수확량도 해마다 늘어 주위가 부러워할 만한 수익을 올렸다.

밤이 떨어지기 시작하면 두 분의 힘으로는 도저히 감당할 수 없어 동네 분들의 도움을 받았다. 내 어린 고사리손도 그 밤나무 밑을 분주히 움직였다.

그러다 당신들이 연로해지고 밤은 점점 많아져 더 이상 감당할 수 없었다. 어쩔 수 없이 가족과 친척들이 나누어 먹을 10여

그루만 남기고 밭 전체를 임대 주었다.

아버지의 권유와 도움으로 이웃에 살던 작은집도 밤나무를 심었다. 우리와 비슷한 넓이다. 작은아버지도 연로해지며 역시 임대를 주었다. 그런데 작은집 밤나무밭을 관리하던 분이 갑자기 입원을 했다. 사촌 동생이 급히 마을 분들을 수소문했지만 어르신들만 사는 시골이라 맡아서 관리할 분을 구할 수 없어 어쩔 수 없이 내게 손을 내민 것이다. 아버지가 정성들여 가꾸어 온 밤나무밭인데 동네 사람들의 밤나무밭으로 만들 수 없다며 관리를 부탁한 것이다.

시간의 여유도 수 있어 흔쾌히 대답했다. 온 가족이 1년간 실컷 먹을 수 있고, 평소 마음을 베풀지 못한 분들에게 마음의 빚도 갚을 수 있다는 생각에 자못 꿈에 부풀었다.

9월에 접어들며 밤송이가 붉어지며 한두 개씩 떨어지기 시작했다. 첫날은 한 박스 정도였는데 이틀 뒤에는 두 박스가 나왔다. 최신 품종의 굵은 밤을 줍는 일은 너무 신나고 재미있었다. 그런데 날이 갈수록 양은 늘어나고 작업 시간도 점점 길어졌.

일주일쯤 지나자 혼자서는 도저히 감당할 수 없었다. 몇 시간을 계속 엎드렸다 일어섰다 하니 허리도 끊어질 듯 아프다. 30도를 오르내리는 9월 말의 늦더위에 땀은 온몸을 흥건히 적시고, 풀숲에서 달려드는 모기와 각종 벌레까지 괴롭혔다.

자기가 줍는 것은 몽땅 가지고 가라며 가까운 지인들을 데리고 갔다. 그런데 한 나절에 두어 박스씩 줍고 모두 기권이다. 냉장고는 더 이상 넣을 곳도 없고 그렇다고 다른 보관할 장소도 없다.

　설상가상이다. 밤은 하루만 실온에 그냥 두면 벌레가 급속도로 번진다. 처리 방법이 없어 이웃, 친척들, 지인들을 불러 나누어 주었다. 그래도 모두 소화할 수 없었다. 그렇다고 호두알만 한 밤이 땅에 널려 있는데 팽개칠 수도 없다. 밤을 주워 운반하고 집에 돌아와서는 분류작업까지 피로는 누적되었다. 게다가 쌓이는 밤 처리에 대책이 떠오르지 않는다.

　판매가 유일한 답이다. 하지만 그것 역시 불가능이다. 평생 강릉 시내에서 살며 교단에 섰으니 어디에 가도 온통 제자 아니면 학부모들이다. 친구, 친지들도 많다. 그들의 눈이 있는데 시장이나 길거리에서 밤을 팔 용기는 없다. 그렇다고 판매를 부탁할 만한 사람도 없다. 고민은 깊어지는데 밤은 점점 많이 떨어졌다.

　그런 어느 날, 양손에 밤을 들고 엘리베이터를 탔는데 위층 아줌마가 밤이 너무 좋다며 사고 싶다고 했다. 순간 '그래, 이것이야.' 하는 생각이 들었다. 집에 들어가자마자 엘리베이터 입구에 샘플로 한 봉지 놓아두고 전화번호를 써 붙였다. 시중의 밤보다 워낙 굵고 품질이 좋은 데다 양도 두 배 가까이 넣었다.

　10분도 되지 않아 통로 분들의 전화가 오기 시작했다. 숨통이 트였다. 제자리에서 팔 수 있으니 금상첨화다. 그렇게 우리 통로에서 옆 통로, 나중에는 다른 동까지 하루 수확량이 오히려 모자랄 정도였다.

그런데 시간이 지나며 전화가 뜸해졌다. 그래도 밤은 하염없이 떨어진다. 다시 고민에 빠졌다. 아내가 사람이 많이 오가는 길목에 자율 판매가 어떻겠느냐고 했다. 답을 딱 찾았다.

집에서 걸어서 5분 거리에 노인복지회관이 있다. 그 입구에 밤 봉지를 죽 늘어놓고 '시골 어르신 돕기 밤 자율 판매! 한 봉지 10,000원!'이라고 종이에 크게 써 붙였다. 그리고 그 옆에 돈 넣는 함을 만들어 함께 두었다. 현찰이 없는 분들을 위해 전화번호도 적어 두었다.

그렇게 점심쯤에 놓아두고 집에 왔다가 해 질 녘에 가면 평균 15여 봉지 정도 판매되었다. 돈도 차질 없이 넣어져 있었다. 몇 분은 밤을 꼭 사고 싶은데 현찰이 없으니 계좌번호를 알려 달라는 전화를 하기도 했다. 3일간 50여 봉지를 팔았다. 그러나 4~5일쯤 되니 급격히 줄었다. 다시 자리를 생각하는데 사람들이 많이 오가는 시장 입구가 생각났다.

자리를 옮긴 둘째 날이다. 저녁에 돈통을 열어 보니 만 원짜리 가운데 천 원짜리 세 장이 나왔다. 밤 봉지와 돈을 맞추어 보니 어느 분이 3,000원만 내고 가지고 간 것이다. 돈이 모자라 그랬겠지 하며 혹시 전화가 오지 않을까 생각했다.

하루가 지나도 아무 연락이 없다. '전화번호도 있는데 양심이 없는 사람이군!' 하던 마음은 이틀이 지나며 '사연이 있겠지. 돈이 없는데 얼마나 먹고 싶었을까?' 하는 마음으로 바뀌었다가 다시 '연세 많은 어르신이라면 참 좋을 텐데….' 하는 생각으로 이어졌다.

　며칠이 지났다. '지금쯤은 얼마나 자신이 한 일이 마음에 걸릴까? 계속 마음에 두지 않았으면 좋겠다.'는 생각으로 정리되었다.

　2년 동안 밤과 힘든 씨름을 했다. 그러다 2019년이 되었다. '강릉·고성 산불'로 집은 물론 우리 집 밤나무밭도 작은집 밤나무밭도 검은 밑동만 덩그러니 남았다. 악몽이 휩쓸고 지나간 그 자리에는 무성한 풀과 옛 기억만 쓸쓸히 남아 있다.

　다시 밤이 떨어지는 계절이 왔다. 오늘 문득, 3,000원만 넣고 간 이름도 얼굴도 모르는 분이 생각난다. '지금은 이웃에게 작은 마음이라도 베풀며 살아가고 있을거야!'

다락방의 비밀

"저 다락 안에 무엇이 있어?"
"나도 자세히 몰라. 할아버지 이전부터 내려온 온갖 잡동사니가 가득해."
"올라가 볼 수 있어?"
"못 올라가! 먼지가 덕지덕지 쌓였어. 책, 도자기, 골동품 등 너저분해. 손도 못 대고 그냥 그대로 있는 거야."
"궁금하네. 무슨 엄청난 보물이 있을지 알아? 문이나 열어 보자."
"냄새나고 먼지 나서 안 돼."
"조금만 열어 보고 닫으면 되지."
의자를 놓고 조심스럽게 문을 열었다. 뽀얗게 먼지가 흩어지며 특이한 냄새가 코를 찌른다. 어두컴컴한 다락엔 낡은 책들과 오래된 이런저런 물건들이 너저분하게 널려 있다. 쌓인 먼지 위로 더 많은 질문의 바람이 스쳤지만 이내 문을 닫았다.

그날 이후, 친구 집을 찾을 때마다 다락방 물건에 대한 궁금증은 더욱 깊어졌다. 하지만 늘 거기까지였다.

고등학교 입학시험에 촌놈들 6명이 입학 원서를 냈다. 예년에 비해 좋은 결과인 3명이 합격을 했다. 면 소재지 시골 학교에서 좀 한다고 해도 영동지방의 수재들이 다 모인 고등학교의 벽은 너무 높았다. 출발선이 아예 달랐다. 역시 우물 안 개구리였다. 예상대로 입학 후 첫 시험 결과는 충격을 넘어 절망이었다.

결국 중간에 두 친구가 탈락을 하고 졸업은 나 혼자 했다. 그때도 지금처럼 2학년에 올라가면서 인문계 자연계로 나뉘었다. 국어 등 인문계 과목을 좋아하고 수학, 과학 등에 공포를 느낀 내 결정은 간단했다. 인문계를 선택하며 대학과 학과 결정도 바로 내려졌다. 돈이 적게 드는 국립대학, 중·고등학교 국어 교사라는 목표가 잠시의 고민도 없이 세워졌다.

일찍 방향을 설정하니 시간적 여유가 많았다. 예비고사와 대학 본고사 합격에 대한 부담도 거의 없었다. 그렇다고 즐길 만한 특별한 특기나 취미, 경제적 여유도 없었다. 자연히 시선은 친구에게로 향했다.

옆자리 친구와 가까워졌다. 경포대 위쪽 선교장 뒤편 노송이 즐비한 숲속에 사는 친구다. 시간만 나면 기와지붕 위에 강아지풀이 듬성듬성 피어 있는 고가(古家)의 친구 집을 찾았다. 어느 대감이 담뱃대를 두드렸을 것 같은 돗자리 깔린 사랑방은 우리 둘의 아지트였다.

대학에 들어가며 서울과 춘천으로 헤어졌다. 수시로 편지를 주고받다가 방학이 되면 우리는 다시 그 사랑방에서 뒹굴었다. 그렇게 1년 반이 지났다.

대학 2학년 때인 한글날 바로 전날인 것 같다. 하숙집에서 여럿이 아침 식사를 하는 중에 문득 주인아저씨가 보는 신문에 눈이 갔다. '동국정운 2~5권, 강릉에서 발견' 대문짝만 한 톱기사에 눈이 번쩍 띄었다. 더 놀라운 것은 제목 바로 밑에 친구 형의 사진이 크게 실려 있었다.

"어? 내 친한 친구 형인데? 이 집은 내가 늘 드나들던 친구 집이고."

"그래? 무슨 얘기인데?"

모두들 시선이 집중된다. 신문은 온통 동국정운 기사였다. 흥분된 마음으로 급히 읽어 내려갔다. 친구 형이 집수리를 하는 도중에 사랑방의 다락에서 동국정운 원본을 발견했다는 내용이었다. 친구 형은 다락에서 이상한 고서(古書) 여러 권과 서화 등이 나오자 오죽헌 부근에 사는 강릉의 모 대학 교수에게 연락했고, 그분을 통해 서울의 저명한 국문학 교수가 내려와 드디어 세상에 알려진 것이다.

우리들의 아지트에 들어설 때마다 늘 궁금했던 다락방의 비밀이 드디어 풀렸다. 그 사랑방의 다락! 문을 열었을 때 흩어져 쌓여 있던 고서가 바로 상상도 하지 못했던 어마어마한 국보 중의 국보였다.

내가 놀러갈 때마다 반겨 주던 친구 형, 그리고 우리가 함께 뒹굴었던 그 방의 다락에서 『동국정운(東國正韻)』 원본이 나온 것이다. 얼마나 많은 학자들이 이 책을 찾지 못해 애를 태웠던가. 국어교육과에 다니고 있어 그 책이 얼마나 가치가 있는 책인지 너무 잘 안다.

학교에 가니 모두들 내 곁으로 모여들었다. 신나게 그 방의 비밀을 얘기하며 흥분했다. 교수들을 비롯한 선후배들도 삼삼오오 동국정운 이야기뿐이다.

『동국정운』은 우리나라 국보 제142호다. 1946년 세종이 훈민정음을 반포한 후 왕명에 의해 1448년에 신숙주, 성삼문, 이개, 최항 등 집현전 학자 9명이 편찬한 6권 6책의 우리나라 최초의 운서(韻書)다.

'우리나라의 바른 음'이란 뜻의 동국정운은 중국의 '홍무정운(洪武正韻)'에 대비되는 책으로 우리나라 최초로 한자음을 우리 음으로 표기한 훈민정음(訓民正音)과 쌍벽을 이루는 책이다. 또한, 훈민정음 제자(題字) 배경, 음운체계, 각 자모(字母)의 음가 연구에 유일한 자료가 된다.

그런 『동국정운』은 1940년 경북 안동에서 1권과 6권이 발견되었다. 그러나 2~5권이 없어 국문학자들의 애를 태웠다. 1, 6권을 유추하여 2~5권에 대한 논문도 많이 나왔다. 그런데 이 소중한 책이 완전한 모습을 갖추게 된 것이다. 1972년 가을은 온통 동국정운 발견 소식으로 방송과 신문을 가득 메우며 학계를 떠들썩하게 했다.

대학 1학년 때, 국문학 강의 시간에 교수님께서 '너희들 공부하지 않고 갑부가 되고 싶지? 그러면 다른 것 하지 말고 동국정운 2~5권이나 '삼대목'(신라시대 부전 향가집)이란 책만 찾으면 돼.' 하던 말이 문득 떠올랐다.

당시 방송과 신문에서는 그 가치에 대한 얘기들이 흥미 있게 오갔다. 몇 백억을 넘어 천억 얘기도 나왔지만 결론은 가격을 정할 수 없다는 것이다. 그만큼 우리나라의 모든 서적 중에서 훈민정음 원본과 함께 최고의 가치를 지닌 국보다.

교사 시절엔 주로 인문계 고등학교에서 국어를 가르쳤다. 훈민정음을 비롯한 동국정운식 한자음으로 된 '석보상절' '월인석보' '용비어천가' 수업도 많이 했다. 그때마다 사랑방의 비밀 이야기로 흥분했다.

그 엄청난 국보를 옆에 두고 그 방에서 뒹굴었다고 생각하니 지금도 기분이 묘하다. 그 후의 일들은 자세히 알지 못하지만 동국정운은 기증되어 지금 '건국대학교 도서관'에 소장되어 있다.

몇십 년이 흘렀다. 그 방에서 함께 뒹굴었던 친구는 서울 생활을 정리하고 요양을 위해 옥계 바닷가에 별장 같은 집을 구입하여 내려왔다. 가끔 바닷가 카페에서 만날 때마다 그 사랑방의 비밀 이야기에 멋쩍게 웃곤 했다.

그렇게 지낸 몇 년 후, 생뚱맞게 친구 아들이 카톡을 보냈다. 아버지가 이 세상 사람이 아니라고… 눈물이 핑 돌았다. 40대에

간암 진단을 받고 다행히 간 기증을 받아 이식 수술을 하고 근근이 잘 버티던 친구였는데….

'고향 강릉으로 내려간 내게 유일한 친구, 내겐 자네밖에 없네.' 병원에서 보낸 친구의 메시지가 내게 남긴 마지막 말이다. 범죄 심리학 박사 학위를 취득하고 대학 강의도 나가며 책을 3권이나 쓴 친구는 사랑방의 비밀만 남겨 놓고 내 곁을 영원히 떠났다.

지난 아름다운 가을날, 대문을 나서는데 문득 친구가 생각났다. 어느새 내 발길은 선교장 뜰을 밟고 있었다. 둘이 앉아 홍시를 먹으며 웃던 벤치가 보인다. 저쯤에 비밀의 다락방이 있던 검은 기와지붕이 눈에 들어온다. 소나무 숲 틈으로 들리는 바람소리와 철 늦은 매미 소리가 오늘따라 처량하게 가슴을 파고든다.

축의금 해프닝

 꼭 있어야 할 친구의 이름이 보이지 않는다. 아들 결혼식 청첩장을 3주 전에 보냈으니 고희를 넘긴 나이에 깜빡할 만도 하다. 이틀이 지난 후, 다시 계좌를 확인했다. 그런데 500,000원의 축의금이 통장에 찍혔다. 언젠가 스스로 0을 하나 더 눌렀음을 확인하고 황당해할 친구의 모습이 스쳐 웃음이 나왔다.
 아무렇지 않은 듯 전화를 했다. 언제 들어도 구수한 강릉 사투리가 정겹다. 아들 결혼식을 잘 마쳤고, 축하해 주어 고맙다고 했더니 참석도 못하고 축의금도 너무 적게 보내 무척 미안하단다. 갑자기 웃음이 터졌다. 대뜸 며느리 보니 그렇게 좋으냐고 비아냥거린다. 순간, 좀 놀려주고 싶은 생각이 들었다.
 "정말 고마워. 지금 일행과 찻집에 왔어. 가까운 시간 내 춘천에서 밥 먹자. 연락할게."
 "그래. 큰일 치르느라 고생했어. 언제 강릉 한 번 갈게."

그렇게 전화를 끊었다. 아직은 축의금 잘못 보낸 것을 모르고 있다. 잠시 시간이 흘렀다. 그런데 이렇게 아무렇지 않게 그냥 시간이 흘러가면 혹시 나중에 뜻하지 않게 오해가 생길 수도 있 겠다는 생각이 퍼뜩 들었다. 다시 전화를 걸었다.

"왜 또 전화야?"

"응, 그런데 너 사업하며 돈 많이 벌었어? 통장에 얼마나 있는지도 모르지?"

"생뚱맞게 무슨 소리야?"

"아니, 그냥… 갑자기 궁금해서…. 또 연락할게."

하려던 말을 삼키며 전화를 다시 끊었다. 알리바이는 이 정도면 충분하니까 시간이 지나면 무척 재미있는 일이 있을 것 같다는 장난기가 불쑥 치밀었다.

메타세쿼이아에 둘러싸인 숲속의 찻집에서 커피를 마시던 아내를 포함한 일행 5명이 무슨 재미난 일이 있느냐며 쳐다본다. 친구가 보낸 축의금 얘기를 했더니 너무 재미있단다.

결혼식 뒷얘기로 한 시간이 훌쩍 지났다. 지금쯤 모든 상황을 확인했겠지 하며 또다시 통화를 했다. 별 다른 반응이 없다.

"혹시 너 통장 자주 확인해 보니?"

"그건 또 왜 물어? 이상한 친구네. 바빠 나 지금."

또다시 장난기가 폭발했다. '보내 준 축의금 잘 쓸게.' 하며 통화를 종료하고 바로 450,000원을 계좌이체 했다. 그리고 커피를 마시며 일행들의 이야기 속에 다시 끼어들었다. 10여 분이 지났을 때 카톡 오는 소리가 울린다.

"내 본심은 그만큼 축하하고 싶었던 거야. ㅋㅋ"

"그래 고마워. 자네가 좋아 용돈 좀 보냈으니 잘 쓰게. ㅎㅎ"

몇 분 후에 바로 다시 카톡이 울렸다.

"더 보태야지. 정 교장! 자네도 내 나이 먹으면 이해할 거야. 미안하네. 환절기 건강 관리 잘하고, 춘천 오면 꼭 연락해."

"알았어. 또 연락할게."

'내 나이 먹으면?' 친구가 했던 그 말이 오늘 문득 생각난다. 아버지가 암으로 투병하시다가 돌아가시던 해가 딱 지금의 내 나이다. 달력을 한 장 한 장 넘기다 보니 아버지가 멈추어 섰던 그 페이지에 어느새 내 발걸음이 옮겨졌다. 그때 아버지는 많이 늙으셨는데 내가 그 나이라니 실감이 나지 않는다.

갑자기 며칠 전에 만난 친구가 '이제 내가 할 일은 다 끝났다.'고 한 말이 떠오른다. 양쪽 부모님도 다 돌아가시고, 자식 둘 다 결혼시켜 재산까지 다 물려주었으니 더 이상 내가 할 일은 없다며 이제 마음 편히 여행이나 다니며 즐기겠단다.

나도 이제 그런 말을 할 상황이 되었다. 아들이 정말 좋은 아내를 만났다. 알콩달콩 살아가는 모습을 멀리서 바라볼 때마다 마음이 따뜻해진다. 매일 보고 싶고 목소리를 듣고 싶지만 혹시 부담이 될지 모른다는 생각에 참는다.

나이가 들어 길의 끝자락에 이르러도 그것은 마침표가 아니다. 시간의 뒤를 걸어도 다시 새로운 길이 열리고, 그 길 위에 내 발자취는 또 다른 이야기를 만들어 간다. 저무는 길 위에 남기는 발자국은 더욱 아름답고 또렷하다.

함께 걷는 길

몇 년 전에 있었던 일이다. 강릉에서 KTX로 올라가 서울역에서 내렸다. 다른 사람들을 따라 에스컬레이터를 탔다. 그런데 어떤 젊은 분이 무어라 투덜거리며 어깨를 스치고 지나쳤다. '나보고 뭐라 하는 거지?' 하며 바라보는 순간, 깜짝 놀랐다. 올라가는 모든 사람들이 계단 오른쪽에 한 줄로 서 있고 나만 왼쪽에 서 있었다. 반사적으로 얼른 오른쪽으로 옮겨 섰다. '언제부터 이렇게 되었지?' 역시 촌놈이란 생각에 쓴웃음이 나왔다.

1970년대, 지하철 1호선이 처음 생기고 한 달 후에 청량리에서 시청 앞까지 지하철을 탔었다. 그리고 50년이 지난 지금, 서울에 갈 때마다 바짝 긴장된다. 몇 번 출구로 나가야 목적지로 갈 수 있는지 늘 헤매곤 한다. 전철을 갈아타게 될 때는 에스컬레이터로 오르락내리락하다 보면 더욱 헷갈린다. 멈춰서 계속 표지판을 확인하고, 지나가는 사람에게 자주 묻는다. 그런데 모두들 바쁘게 지나가니 그것도 쉽지 않다.

혼자 지하철을 갈아타며 서울의 어느 장소를 찾아가는 것이 쉽지 않다. 나이 탓이기도 하다. 그러나 그보다 함께 하는 사람이 없는 것이 가장 큰 이유다.

지난봄에 지인 두 팀과 선자령 산행을 했다. 대관령 정상에서 2시간 남짓 올라가는 대체로 무난한 코스다. 나는 늘 산에 다녔지만 산에 잘 다니지 않은 일행들은 무척 힘들어 한다. 자주 쉬고 속도도 느려진다. 무척 답답했지만 그래도 보조를 맞추며 함께 걸었다. 한 시간 조금 더 올라갔는데 또 다시 멈추어 배낭을 벗고 주저앉는다. 급한 성격에 답답해 견딜 수 없었다.

"나 먼저 올라갈 테니 천천히 올라올래?"

"그래, 그게 서로 좋겠어."

일행을 두고 평소 내 속도대로 올라갔다. 계절이 바뀔 때마다 오르는 산이지만 오를 때마다 새로운 모습으로 다가서는 풍경에 감격하게 된다. 지난겨울에는 눈이 펑펑 내리는 날 세 번이나 올랐다. 우리나라 최고의 설경으로 널리 알려진 곳이라 눈만 오면 선자령을 오르는 긴 등산로는 비껴 설 틈이 없다.

정상에 서니 가슴이 펑 뚫린다. 아래는 진달래가 한창인데 정상 부근에는 이제 꽃망울이 맺혀 있다. 동쪽으로는 넓은 동해바다와 길게 이어진 해안선이 그림처럼 펼쳐진다. 막힘없는 시야에 동전만 한 크기의 경포호, 동화 속의 작은 마을 같은 강릉 시내의 풍경이 무척 아름답다. 서쪽으로는 서해까지 닿을 듯 끝없이 펼쳐진 높고 낮은 산봉우리들이 이어지고, 남북으로는 준엄한 백두대간 줄기가 넘실거린다. 가까이 또 멀리 넓은 양떼목장의 초원과 풍력 발전기의 조화가 하늘빛 물감을 머금은 한 폭의 동양화처럼 펼쳐진다.

정상에 서니 세상이 온전히 내 품에 안긴다. 그러나 이 감격을 함께 나눌 수 있는 사람이 없다. 마음 한구석이 텅 빈 것 같다. 혼자 사방을 돌며 끝없이 셔터를 눌렀다. 그런데 정작 나를 찍어 줄 사람이 없다. 기쁨은 혼자 느낄 때보다 누군가와 함께 나눌 때 비로소 완성된다는 것을 피부로 실감했다.

'그래, 혼자 먼저 오는 것이 아니었어!' 일행을 기다린 지 10분이 지났다. 정상의 막힘없는 바람이 올라올 때보다 세차게 분다. 봄이지만 봄이 아니다. 배낭에서 벗었던 옷을 다시 꺼내 입었다. 또다시 10분이 지났다. 그래도 일행의 모습은 저 아래 능선에도 보이지 않았다. 이젠 춥다. 더 이상 입을 옷도 없다. 그렇다고 정상에서 일행을 만나지 않고 먼저 내려갈 수도 없다. '그래. 같이 올 걸 그랬어!'

혼자 가면 빨리 가고, 함께 가면 멀리 간다는 아프리카 속담이 있다. 그래서 길은 속도보다 온도가 더 중요하다고 한다. 그럼에도 불구하고 현대인들은 모두 혼자 달린다. 방향도 다르고 목적지도 다른 곳을 바라보며 자신만의 방향을 따라 전력 질주한다. 모두가 달리는데 나 혼자 어슬렁거릴 수는 없다. 그러나 아무리 속도를 올려도 더 빨리 달리는 세상을 뒤쫓아 가기가 힘겹다.

　재작년에 차를 바꾸었다. 운전이 무척 편하다. 크루즈 기능을 작동시키면 혼자 핸들을 돌리고, 혼자 브레이크를 잡아 준다. 터널에 들어갈 때는 혼자 창문을 닫아 주고 앞차가 출발했다는 신호도 보내준다. 이미 오래전부터의 일이다.

　AI가 휴게소에서 음식을 만들어 팔고 바둑을 두고 금융상담을 하는 것도 새롭지 않다. 텍스트, 이미지, 음악, 영상 등 다양한 멀티모달 데이터를 생성해 주고 회사의 인사 발령까지 낸단다. 병원에서 질병의 진단과 치료, 수술에도 사람이 설 자리를 빼앗고 있다. 공상 소설에 나올 법한 이야기의 현실 속에 우리는 아무렇지 않게 살고 있다. 어제의 정보는 오늘 이미 쓰레기통에 들어가 있다.

　빠른 것은 느림보다 훨씬 좋다. 목표를 향해 열심히 직진하는 것 또한 바람직하다. 하지만 그 빠름이 혼자라서 문제다. '함께'가 아니어서 쉽게 지치고 삶은 힘들어진다. 때론 더디기도 하고 뜻이 달라 잠시 멈추어 서기도 하지만 누구라도 함께하면 끝까지 갈 수 있다.

　식당에 가면 의자 배치도 과거와 많이 달라졌다. 혼자 앉는 자리가 많이 생겼다. 혼자 먹을 수 있는 메뉴도 늘었다. 우리가 서서히 사라지고 있다. '너는 나, 나는 너'가 아니라 '나는 나, 너는 너'로 변해 간다. 사람 사는 훈훈한 향기도 흐르는 바람에 사라져 간다.

이런 흐름의 물줄기를 돌릴 수는 없을까? 있다. 혼자 달리지 말고 함께 걸어가면 된다. 함께하는 삶만이 따뜻함을 되찾을 수 있다. 그러기 위해 내가 먼저 손을 내밀어야 한다. 그리고 혼자의 좁은 길에서 나란히 걸을 수 있는 넓은 길로 발길을 옮겨 디뎌야 한다.

인종차별 철폐를 부르짖으며 싸웠던 남아프리카 공화국의 넬슨 만델라가 생각난다. 그가 만약 혼자 싸웠다면 즉시 체포되어 실패했을 것이다. 그러나 수많은 흑인이 곁에 있었다. 오랜 세월을 감옥 생활을 하면서 그들과 함께 인종차별과 맞서 싸웠다. 결국 승리한 만델라는 '나는 혼자 달릴 수도 있었지만, 혼자 걸으며 모두가 도착하는 길을 택했다.'라는 유명한 말을 남겼다.

현대인은 자기 것은 굳게 움켜쥐고 혼자 달린다. 버리지 않으면 새로운 것이 들어올 자리가 없다. 우물 안의 개구리는 아무리 눈을 크게 떠도 하늘은 언제나 손바닥 크기다.

김용석 교수는 '넓게 가는 길은 같이 가는 길'이라고 했다. 혼자의 길이 아니라 따뜻한 사랑이 있는 그 길을 함께 걸어갈 때이다. 나의 길에서 우리의 길로 나와야 한다. 비록 흔들릴지라도 희망의 길은 남는다.

길 끝 그 너머 빛

발행일   2025년 11월 10일

지은이   정연기

발행인   강병욱
발행처   도서출판 교음사

03147 서울 종로구 삼일대로 457 수운회관 1308호
Tel (02) 737-7081, 739-7879(Fax)
e-mail : gyoeum@daum.net
등록 / 제2007-000052호

* 잘못된 책은 바꿔 드립니다. 값 15,000원
ISBN 978-89-7814-233-5 03810

- 이 책은 강원특별자치도, 강원문화재단 후원으로 발간되었습니다.